PUREZA

JOSÉ LINS DO REGO
PUREZA

Apresentação
José Vilian Mangueira

São Paulo
2023

© Herdeiros de José Lins do Rego

13ª Edição, José Olympio, Rio de Janeiro 2012
14ª Edição, Global Editora, São Paulo 2023

Jefferson L. Alves – diretor editorial
Gustavo Henrique Tuna – gerente editorial
Flávio Samuel – gerente de produção
Nair Ferraz – coordenadora editorial
Tatiana Souza, Bruna Tinti e Giovana Sobral – revisão
Mauricio Negro – capa e ilustração
Julia Ahmed – diagramação

Dados Internacionais de Catalogação na Publicação (CIP)
(Câmara Brasileira do Livro, SP, Brasil)

Rego, José Lins do, 1901-1957
  Pureza / José Lins do Rego ; apresentação de José Vilian Mangueira. -- 14. ed. -- São Paulo : Global Editora, 2023.

ISBN 978-65-5612-423-0

1. Ficção brasileira I. Mangueira, José Vilian. II. Título.

23-143180   CDD-B869.3

Índices para catálogo sistemático:
1. Ficção: Literatura brasileira B869.3

Aline Graziele Benitez - Bibliotecária - CRB-1/3129

Obra atualizada conforme o
NOVO ACORDO ORTOGRÁFICO DA LÍNGUA PORTUGUESA

Global Editora e Distribuidora Ltda.
Rua Pirapitingui, 111 – Liberdade
CEP 01508-020 – São Paulo – SP
Tel.: (11) 3277-7999
e-mail: global@globaleditora.com.br

- globaleditora.com.br
- @globaleditora
- /globaleditora
- @globaleditora
- /globaleditora
- /globaleditora
- blog.grupoeditorialglobal.com.br

 Direitos reservados.
Colabore com a produção científica e cultural.
Proibida a reprodução total ou parcial desta
obra sem a autorização do editor.

Nº de Catálogo: **4469**

Sumário

"A vida inteira que podia ter sido e que não foi": *Pureza*, de José Lins do Rego, *José Vilian Mangueira* 7

Pureza 23

Cronologia 211

"A vida inteira que podia ter sido e que não foi": *Pureza*, de José Lins do Rego

José Vilian Mangueira

1. A engenhosidade de José Lins do Rego

O escritor José Lins do Rego nasceu em 3 de junho de 1901 no engenho Corredor, na cidade de Pilar, na Paraíba, quando aquela localidade ainda tinha o título de vila. O espaço geográfico do Nordeste brasileiro foi imortalizado na obra do escritor ao longo dos anos de sua criação literária. Seus primeiros trabalhos apareceram na revista *Arcádia*, produzida pelos alunos do Colégio Diocesano Pio X, em João Pessoa, onde José Lins fez seus estudos preparatórios. Já formado em Direito, na cidade de Recife, ele ligou-se a um grupo de escritores envolvidos em movimentos literários de vanguarda, como Gilberto Freyre, Olívio Montenegro e Osório Borba. Nos outros lugares onde morou, Maceió e Rio de Janeiro, o paraibano fez amizades com autores de destaque, a exemplo de Graciliano Ramos, e participou ativamente da vida literária dessas cidades. Em 12 de setembro de 1957, José Lins do Rego falece no Rio de Janeiro.

Fruto de um contexto literário conhecido como Romance de 30, a obra deste paraibano teve grande aceitação em sua época e, com o passar dos anos, continua ganhando destaque.

Considerando o que a crítica especializada tem produzido sobre o autor e o modo como os livros didáticos apresentam seus romances, é possível afirmar que o trabalho artístico dele é comumente enfocado levando-se em conta a sua produção de cunho memorialista. Os seus livros considerados como integrantes do "ciclo da cana-de-açúcar" – *Menino de engenho* (1932), *Doidinho* (1933), *Banguê* (1934), *Usina* (1936) e *Fogo morto* (1943) –, que retratam o ambiente onde nasceu e cresceu o escritor, são os grandes destaques de sua obra. Para alguns estudiosos, como é o caso de Aderaldo Castello[1] (1991), o romance *O moleque Ricardo* também faria parte desse ciclo. Assim, quando se fala da produção de José Lins, são esses romances do "ciclo da cana-de-açúcar" que têm tido acolhida tanto no leitor comum quanto na crítica especializada.

Mas a obra de José Lins vai além desses romances, apresentando uma variedade de cenários e tipos humanos que dão ao autor um lugar especial na história da literatura brasileira. Assim, seus textos cobrem um vasto território brasileiro: os romances *Pedra Bonita* (1938) e *Cangaceiros* (1952) dão destaque à parte nordestina conhecida como Sertão; *O moleque Ricardo* (1935) e *Riacho Doce* (1939) focalizam o litoral nordestino – o primeiro se passa em Recife, e o segundo, no litoral de Alagoas, mas o início da narrativa de *Riacho Doce*

---

[1] CASTELLO, José Aderaldo. Origens e significados de *Menino de engenho*. *In:* COUTINHO, Eduardo F. e CASTRO, Ângela Bezerra de (Seleção de textos). *José Lins do Rego*. Rio de Janeiro: Civilização Brasileira; João Pessoa: FUNESC, 1991, p. 230-237 (Coleção Fortuna Crítica, 7). Como levamos em conta a focalização de um mesmo grupo familiar e a utilização de um mesmo *setting* onde se passam as narrativas, resolvemos deixar o romance em questão fora deste ciclo. Lembramo-nos de que uma divisão da obra do escritor em ciclos tem valor puramente didático, uma vez que esses livros têm em si uma caracterização bem maior do que essa divisão pode abarcar.

acontece, também, na Suécia, onde morava a protagonista. Já *Água-mãe* (1941) e *Eurídice* (1947) têm como cenário o estado do Rio de Janeiro – o primeiro romance se passa em Cabo Frio, e o segundo, na capital carioca –; e o romance *Pureza* (1937), distanciando-se um pouco dos engenhos, tem como cenário um povoado nordestino incrustrado na linha de trens que corta a área que fica entre Paraíba e Pernambuco.

2. Uma parada na "estação mais triste da estrada de ferro"

Pureza é narrado pelo protagonista Lourenço de Melo, ou, para os íntimos, Lola. A narrativa começa na cidade do Recife, quando o narrador-personagem acaba de sair do consultório do doutor Marques, médico da família. O que é contado nos capítulos iniciais do livro lembra muito o poema "Pneumotórax"[2], de Manuel Bandeira, para quem, muito significativamente, o romance é dedicado:

Febre, hemoptise, dispneia e suores noturnos.
A vida inteira que podia ter sido e que não foi.
Tosse, tosse, tosse.

Mandou chamar o médico:

— Diga trinta e três.
— Trinta e três... trinta e três... trinta e três...
— Respire.
[...]

---

[2] BANDEIRA, Manuel. *Libertinagem*. 2. ed. São Paulo: Global Editora, 2013. p. 35.

Essa ligação com o texto de Manuel Bandeira vem pelo fato de Lourenço de Melo viver assombrado, como o eu-lírico do referido poema, pela presença da tuberculose. Logo de início, sabemos que sua mãe, dona Luísa, e sua irmã, Guiomar, morreram em decorrência dessa doença. Apesar dessas mortes serem contadas no primeiro capítulo, estas duas figuras vão passear pela história como presenças significativas. Além disso, a doença ainda assusta o protagonista, que vive uma vida pela metade – ou uma vida que "poderia ter sido e que não foi". Para piorar ainda mais a vida de Lola, o pai – Deodato de Melo –, devido aos cuidados excessivos que tem com o filho, acaba descuidando da própria saúde e morre em decorrência de uma síncope.

Procurando fugir das lembranças dos seus mortos e do medo de ficar tísico como a mãe e a irmã, Lourenço de Melo segue o conselho do seu médico e parte para uma temporada no chalé de um colega da estrada de ferro, em "um recanto retirado, onde só existia mesmo, além da casa do chefe da estação, o chalé onde eu morava" (p. 38). É dessa maneira que o narrador nos apresenta a estação de Pureza, cuja localidade mais próxima é São Miguel, uma cidadezinha da Paraíba. Mas não viaja sozinho. Ele é escoltado pela fiel protetora Felismina. Essa senhora, que está na família dos Melo há mais de cinquenta anos, é quem acompanha os doentes da família: primeiro, tomou conta de dona Luísa até sua morte; depois, é responsável por cuidar de Guiomar quando esta tentava se recuperar da tuberculose; e, agora, viaja com Lola em busca de melhorar a saúde frágil deste rapaz de 24 anos.

Dois pontos importantes devem ser destacados sobre a personagem Felismina. Primeiro, ela representa os resquícios do mundo escravista que ruiu: é uma mulher livre, com mais de sessenta anos, mas continua presa à servidão e à submissão que o mundo dos homens brancos exige. Assim, ela vive para satisfazer a vontade do último representante da família para quem sempre trabalhou. Desse modo, seu destino está irremediavelmente ligado ao de Lola. E ele reconhece isso: em um primeiro momento, ele nos afirma que "pensando bem, Felismina não era mais que uma escrava" (p. 47); em outro, ele diz: "Há 24 anos que ela [Felismina] vivia com a minha vida regulando os seus dias, dando tudo que podia dar ao seu senhor" (p. 108).

O segundo ponto importante sobre esta personagem diz respeito ao modo como ela é responsável por criar ligações entre o jovem taciturno Lourenço e as outras pessoas que fazem parte de Pureza. O primeiro morador do local que adentra o chalé onde o narrador-personagem mora é Luís, um adolescente negro sem pai ou mãe, que fugira do engenho Juçara. A ligação entre Luís e Felismina é tão intensa que vai tirar Lola da inércia em que vive, fazendo-o, pela primeira vez, tomar uma atitude enérgica diante da ameaça do dono do engenho Juçara querer levar o adolescente embora. Tudo isso ocorre porque esta senhora viu em Luís a projeção de um filho: "O moleque Luís era como se fosse o seu filho mais novo" (p. 48). Assim, a velha senhora alarga o sentido de família que ela construiu, puxando esse adolescente para o espaço onde mora, como a fala citada anteriormente demonstra, com seu filho mais velho – Lourenço. Desse modo, como bem destaca o narrador, "Pureza me ligara com a vida dos outros, esta é que era a verdade. Antigamente quando eu olhava para os outros, olhava como se fosse para outra espécie" (p. 76).

É também Felismina que consegue pôr dentro do chalé o cego Ladislau, que pedia esmolas na estação de trem. Embora tenha como viver sem esmolar, uma vez que tem um filho na Marinha e outro era maquinista do engenho Gameleira, o cego é presença constante na estação de Pureza, cantando seus versos tristes em troca das ofertas dos passageiros. Dentro da casa de Lola, o cego angustia o protagonista com suas canções, fazendo-o refletir sobre os acontecimentos diários.

A função agregadora de Felismina agora chega às famílias da localidade e ao cego que faz ponto na estação. Assim observa o narrador:

> Do meu canto, achava graça na habilidade que Felismina manifestava para a vida social. As ligações do chalé dos ingleses com a casa da estação estavam feitas graças a ela. A mãe do agulheiro também aparecia para conversar, e o cego já era nosso íntimo. (p. 48)

Fica claro que Lola só se socializa com os outros moradores graças ao poder agregador dessa senhora. Mas é preciso entender que, se ela junta todos os moradores ao seu redor, ela também afasta quem não lhe agrada, ou melhor, quem ameaça a tranquilidade de seu protegido. É o que vai acontecer quando Lourenço inicia um relacionamento amoroso com as filhas do chefe da estação, Antônio Cavalcanti. A partir daí, as relações com os outros moradores ficam estremecidas.

Pelas marcas temporais deixadas pelo narrador ao longo de sua história, percebe-se que Lourenço de Melo passa quase um ano em Pureza. De início, o protagonista desfruta da tranquilidade e da beleza do lugar, vivendo de contemplar a natureza e de aproveitar o tempo para seus passeios. Diferentemente dos sons da cidade de Recife, esse novo espaço vibra apenas com a vida da natureza:

> A minha casa ficava rodeada de grandes eucaliptos, que rumorejavam ao vento. Cigarras e pássaros fazem rumor que

acaricia os nervos. Lá embaixo corre um rio por cima das pedras. E o silêncio do ermo é de 24 horas. (p. 38)

Tomado pelo que o local lhe oferece, Lola constrói para si uma projeção de paraíso natural, numa percepção de que, em suas palavras, "a natureza trabalhava para mim" (p. 58). Toda essa paz paradisíaca que o narrador-personagem encontra só é quebrada em dois momentos do dia, quando o trem passa pela estação: às nove horas da manhã e às duas horas da tarde. E cada momento dura apenas quinze minutos, quando "Pureza se enchia dos seus quinze minutos de agitação" (p. 71).

Sobre a localidade que nomeia a narrativa, é importante destacar que, como ocorre com boa parte da obra de cunho memorialista de José Lins do Rego, este espaço existiu e pode ter sido vivenciado pelo autor. A estação ferroviária de Pureza, cujo funcionamento se iniciou em 1883, ficava na área do engenho Cruangi, no município pernambucano de Timbaúba, e fazia parte da linha de ferro que liga Recife à cidade de Pilar, onde nasceu o escritor. Esta cidade aparece na narrativa, quando o narrador informa que a quietude e a solidão de Pureza só eram quebradas quando "Só de vez em quando Antônio Cavalcanti [vem pedir] notícias ao chefe de Timbaúba" (p. 120). Geograficamente, é um espaço muito próximo da Paraíba, o que faz com que o texto se remeta constantemente a este estado. Esta estação ferroviária foi operada pela Great Western de 1883 até 1950, quando passou para a administração do governo federal brasileiro.

Em Pureza, o jovem hipocondríaco e sem forças ganha um novo aspecto graças ao que ele encontra por ali. Assim, a sensibilidade mórbida e um certo complexo de inferioridade que assombram a existência de Lourenço de Melo darão lugar a uma nova perspectiva de vida. Mas isso não significa que ele não tenha recaídas existenciais, quando algo ameaça a sua tranquilidade no chalé dos ingleses. De qualquer forma, é inegável a transformação que a mudança de ares opera no protagonista. Três meses após sua chegada, ele já reconhece o quanto está diferente: "É que mudara de vida, crescera de força, não existia aquela fragilidade de antigamente" (p. 64); "Pela primeira vez ia me sentindo capaz de viver pelas minhas próprias forças" (p. 65). Essas passagens citadas aqui contrastam com o que é apresentado nos capítulos iniciais, quando vemos um jovem querendo viver, mas com receio de se aventurar no que a vida lhe oferece, tendo sempre os cuidados exagerados dos que o cercam.

A maior de todas as curas operadas no protagonista parece ser a superação do fracasso de sua primeira experiência sexual, quando ele ainda tinha dezesseis anos. Esse trauma é tão forte para o narrador que ele demora a se referir ao ocorrido, embora fale sem receio de outras situações trágicas que marcam sua existência. Somente no décimo capítulo, depois que Margarida, a filha mais velha do chefe da estação, se aproxima inteiramente dele, o protagonista narrador inicia a confissão de suas angústias sexuais: "Ainda não havia falado de mulher em toda essa história, que vou contando de minha vida. Não é por vontade não." (p. 67). Contar sua história com as mulheres, ou contar a sua falta de histórias, é tão problemático que ele adia ao máximo falar sobre, mas acaba entregando ao leitor o que seria a vergonha psicológica que carrega:

> Preciso ser sincero, ter a máxima sinceridade no que estou escrevendo. Ter a coragem de descobrir. Tudo isto provinha de um horrível fracasso dos meus 16 anos. (p. 67)

E Pureza será responsável por oferecer a Lola o sucesso sexual.

Inicialmente, é Margarida, a loura de olhos azuis, que acorda o desejo sexual do protagonista. Aliada à natureza, a jovem vai tomando conta do corpo de Lola, primeiramente pelos olhos, quando ele a observa se aproximando gradativamente dos espaços de seu chalé e quando ele a vigia tomando banhos no rio que fica ao lado de sua janela. Como os eucaliptos, as cigarras, as árvores, o rio, os pássaros, o sol, Margarida surge para oferecer a Lourenço a certeza de que ele vivia: "Uma satisfação absoluta de viver tomara conta de mim. Nunca mais as insônias me perseguiram, nada de angústias desesperadas. Margarida era uma fonte de vida" (p. 91).

Para confirmar que ele está completamente curado de sua fraqueza sexual, aparece depois a outra filha do chefe da estação, Maria Paula. Se com Margarida Lola conhece a força que o corpo feminino lhe proporciona, com Maria Paula ele chega até a acreditar que era capaz de amar alguém. Se com a primeira ele tem a certeza de que não é possível construir nenhum futuro com ela, com a segunda ele planeja a possibilidade de levá-la para Recife. Mas, como é um homem de pouca iniciativa, tudo fica na projeção, demonstrando, mais uma vez, que ele contempla "a vida inteira que podia ter sido e que não foi". O final do romance vai confirmar essa fraqueza do protagonista.

É graças ao contato com as filhas do chefe da estação ferroviária de Pureza que Lola compreende o drama que assola a família dessas moças. Margarida havia inteirado o rapaz sobre o histórico trágico de seus pais e sua irmã: um pai viciado na jogatina, uma mãe que peregrinou por várias cidades vendo as filhas serem usadas, e duas irmãs que se entregaram aos homens por diferentes motivos. Na contextualização do passado dessa família, temos um dado importante para compreender o espaço onde o texto se passa: o romance traça um mapa geográfico que povoa outras narrativas de José Lins do Rego.

    O interessante sobre o mapeamento da região vem quando o narrador, numa tentativa de mostrar a peregrinação da família do chefe da estação rumo à decadência, apresenta os lugares onde morou Antônio Cavalcanti com sua esposa e as duas filhas. Assim, descobrimos que a família se forma quando Antônio, ainda caixeiro-viajante, conhece a esposa, Francisquinha, na cidade de Itabaiana. De lá, o casal e a primeira filha, Margarida, "passaram a morar em Afogados" (p. 92), possivelmente o município pernambucano de Afogados da Ingazeira. Deste espaço, passam para uma outra localidade não nomeada, quando Antônio vira chefe de estação de trem. Depois, vão para uma outra estação que fica entre as cidades de Sapé e de Mari (referida no romance como Araçá). É aqui que Margarida cai em desonra quando se entrega para o major Luís de Oliveira, dono do engenho Murim. Logo depois, será Maria Paula que vai se entregar ao engenheiro inspetor da estada de ferro, com a conivência do pai, que buscava uma transferência para um lugar melhor. Assim, a família vai morar em Campina Grande, a cidade paraibana mais desenvolvida depois da capital. Passam um período por lá, onde Margarida e Maria Paula constroem novas relações amorosas com outros homens. Mas Antônio Cavalcanti é transferido para um dos piores lugares com estação de trem, como castigo por um roubo que aconteceu nos armazéns da estação. A narrativa deixa a entender que Antônio Cavalcanti teria culpa no roubo, possivelmente para alimentar o seu vício pelo jogo. É por isso que vão parar em Periperi (atual cidade de Monteiro). Deste espaço, a família é transferida para Pureza. O narrador resume assim a peregrinação: "Fazia vinte anos que Antônio Cavalcanti era chefe de estação. E estava ali em Pureza há três anos somente" (p. 101).

Com a nova ligação com a outra filha de Antônio e Francisquinha, não era apenas o passado da família que chegava para Lourenço de Melo; agora, ele tem acesso ao presente doloroso no qual vivem aqueles quatro integrantes. Consciente de que se ligara àquela família, Lourenço entende que ele é responsável pelo mal presente que cai sobre a casa dos Cavalcanti. Isso porque, graças à ligação que mantém com Maria Paula, a jovem vai rejeitar a proposta de casamento feita pelo agulheiro Chico Bembém. E tal recusa provoca um grande desgosto na mãe da moça. O desespero de dona Francisquinha é tão intenso que ela vai se humilhar diante do morador do chalé dos ingleses para que ele devolva a filha e ela se case com o agulheiro Bembém. O pai da moça, que parece alheio a tudo que ocorre em casa, vai pedir duzentos mil-réis emprestados a Lourenço, o que passa a ser outro vínculo entre ele e aquela família.

Quando o nó que liga o chalé dos ingleses e a casa do chefe da estação está apertado, Lola procura fugir de tudo, primeiro pensando em voltar para Recife. Mas ainda adia um tempo essa fuga. Depois, ele volta às suas longas caminhadas pela mata, querendo se esquecer das pessoas com quem convive. Assim ele define suas perambulações neste momento: "Andava por ali com um fito único: me divertir, fugir de minhas preocupações, ver terra, árvores e gente que fossem um espetáculo" (p. 165). Mesmo encontrando-se em um espaço que lhe trouxe uma existência mais viva, Lourenço de Melo se embriaga da vida alheia para fugir da sua.

A ligação com Maria Paula ainda vai trazer para dentro do chalé de Lourenço de Melo outra família que compõe o universo de *Pureza*: Chico Bembém e sua mãe sinhá Guilhermina. O agulheiro Bembém é um homem sem vícios, trabalhador e devotado à mãe doente. É visto por dona Francisquinha como o sogro perfeito para a filha perdida. No momento em que Lourenço percebe Chico como um rival, ele começa a prestar atenção no rapaz, procurando saber da vida dele. Mas, como o próprio narrador afirma, ele não tinha muito para contar. O rapaz passa a narrativa inteira calado e introspectivo, até o momento que vê seus planos de casamento desfeitos. Só assim ele se torna agressivo e é visto pelo protagonista como uma possível ameaça. Mas a narrativa demonstra que Chico Bembém reconhece o seu lugar social e não ataca o seu oponente, pois este faz parte de uma classe superior. Ele se torna agressivo apenas com aqueles que estão em mesmo nível. É o que ocorre quando um dos trabalhadores de um dos engenhos grita com ele, ou quando ele vai tomar satisfações com a família de Maria Paula.

Embora a narrativa gire em torno do narrador-personagem, o romance se estabelece graças às conexões que este protagonista cria com os outros personagens que compõem a estação da Great Western de Pureza.

3. Textos de um mesmo bagaço

Pureza é o primeiro livro de José Lins do Rego a virar filme, em 1940, sendo adaptado pelos Estúdios Cinédia, dirigido pelo português Eduardo Chianca de Garcia (1898-1983) e produzido pelo jornalista Adhemar Gonzaga (1901-1978). O próprio Lins do Rego colaborou na criação dos diálogos do filme, e algumas músicas foram cantadas por Dorival Caymmi. Este romance também foi a primeira obra do escritor a ser traduzida para o inglês, em 1947, dez anos depois de ser publicado. Esses dois fatores demonstram o quanto *Pureza* teve destaque durante o período em que o escritor estava produzindo. Mas, infelizmente, ficou ofuscado pelas obras mais conhecidas.

Embora o romance *Pureza* seja identificado como uma obra fora do conhecido "ciclo da cana-de-açúcar", diferentes leitores de José Lins do Rego, entre eles o escritor Graciliano Ramos[3], a crítica Lúcia Miguel Pereira[4] e o professor Luís Bueno[5], aproximam a narrativa de Lourenço de Melo com as de Carlos de Melo (*Menino de engenho, Doidinho* e *Banguê*). Isso ocorre porque os dois personagens têm um histórico familiar e cultural parecidos. Além disso, eles são protagonistas introspectivos, que lidam com problemas de perdas e frustrações que os perseguem nos diferentes espaços em que vivem. Podemos acrescentar, ainda, que os dois são os últimos representantes de suas famílias. Ou seriam os últimos representantes de uma mesma família, já que possuem o mesmo sobrenome?

Mais um fator liga este romance a outras obras do autor paraibano: a recorrência de personagens, temas e espaços. Para aqueles leitores que se debruçaram sobre a obra completa de José Lins do Rego, fica fácil identificar a recorrência de determinados personagens em diferentes textos do autor. No caso de *Pureza*, podemos apontar muitos dos personagens que aparecem na obra apenas como alusões – ou seja, eles não se fazem presentes na ação da narrativa, mas são mencionados

---

[3] RAMOS, Graciliano. *Linhas tortas*. São Paulo: Martins, 1962.
[4] PEREIRA, Lúcia Miguel. Pureza. *In:* COUTINHO, Eduardo F. e CASTRO, Ângela Bezerra de (Seleção de textos). *José Lins do Rego*. Rio de Janeiro: Civilização Brasileira; João Pessoa: FUNESC, 1991. p. 321-323. (Coleção Fortuna Crítica, 7).
[5] BUENO, Luís. *Uma história do romance de 30*. São Paulo/Campinas: USP/Unicamp, 2006.

pelo eu-lírico. É o caso de doutor Eduardo do Itambé (o advogado referido pelo coronel Joca) que está em *Fogo morto*, por exemplo. Naquele romance, ele é responsável pela defesa de Lula de Holanda na ação contra o dono do Engenho Velho. O mesmo advogado vai ser citado em *Doidinho*, quando Carlos de Melo o aponta como um orador exemplar. Essa repetição se materializa, também, nos sobrenomes das famílias. Ainda há a nomeação dos engenhos que se localizam nas redondezas da linha do trem, como o Gameleira. São engenhos que aparecem em outras obras do autor. Essa recorrência pode ser estendida às cidades referidas nesta obra, que fazem parte dos cenários de outros textos. Para não cansarmos nos apontamentos, fiquemos com a localidade de São Miguel, referida diversas vezes na obra e presente em outros romances.

Ainda sobre o uso dos espaços, é preciso destacar o modo como o romance apresenta a natureza, viva e pulsante em contraste com os personagens que se debatem em dramas pessoais: "Aqueles paus-d'arco pareciam uns senhores da mataria espessa. Ali perto estava aquela mulher, um caco de vida" (p. 47). Esta passagem põe em antagonismo a força e a vitalidade da natureza, metonimizada nos paus-d'arco, diante da fragilidade e da impotência do ser humano, representada por uma moradora de uma das fazendas que nem coragem tem de levantar a cabeça para responder ao "bom-dia" do protagonista. Esse contraste se repete ao longo da narrativa, como no momento em que a família do chefe da estação se angustia sobre o paradeiro da filha mais velha e o narrador destaca a vida feliz e pulsante da natureza:

> [...] ninguém sabia de Margarida. Dona Francisquinha estava em prantos por isso [...]. Senti-me então responsável pela desgraça da família [...]. Lá embaixo estava a mãe chorando.

E ali em pé, absorto, sofrendo, estava o pobre marido, o pai infeliz. Borboletas entravam pelas janelas e o sol brilhava em Pureza. (p. 132)

Quanto aos temas, a obra de José Lins do Rego destaca a temática da decadência – seja ela física, econômica ou moral. E esse tema se encontra em *Pureza*. Basta olharmos para a família do chefe da estação de trens. Como apontamos, a peregrinação e o esfacelamento dos quatro membros dessa família são bons exemplos de decadência. Mas ela também pode ser vista no protagonista Lola: privado de força de vontade, incapaz de tomar decisão e perseguido por uma vida de perdas. Nem forças para continuar sua descendência ele parece ter. O narrador-personagem é a representação do fracasso de uma família em ruína não financeiramente, mas física e moralmente. Lourenço de Melo chega em Pureza para seguir o conselho do médico que avisa: "— O senhor é um espectador. É o seu mal. Intervenha, seja alguma coisa, mesmo um comparsa. Entre na vida" (p. 66). Mas ele não tem força para entrar na vida e tomar o rumo dela. Ele será um eterno espectador, subjugado pela falta de iniciativa e vontade própria. Assim, o protagonista pode não sofrer de tuberculose, mas sua existência é consumida pelos vermes da inércia. Por isso, está fadado à decadência.

Para ligar essa característica temática da obra do autor a este romance apresentado aqui, é preciso destacar, ainda, o modo como é construído o final dos personagens. Todos se encontram diante de um futuro incerto. O leitor é capaz de se chocar com determinadas escolhas de alguns deles, mostrando, assim, o quanto eles não conseguem aproveitar e iniciar uma vida nova e segura. Novamente em referência ao poema "Pneumotórax", com o qual iniciamos a análise deste romance, vemos que esses personagens encaram "a vida inteira que podia ter sido e que não foi". É com esse tom de tristeza e fracasso que o romance termina, ao som da voz do cego Ladislau, "que naquele dia caprichou mais na tristeza" (p. 209).

Em *Pureza*, o leitor tem em mãos mais uma possibilidade de conhecer o universo artístico de José Lins do Rego, um dos maiores escritores brasileiros, múltiplo mesmo quando recorria aos mesmos temas, ambientes e personagens.

PUREZA

A Manuel Bandeira

1

O MÉDICO HAVIA ME dito:

— O senhor não tem nada de grave. Todos os exames não me indicam lesão alguma. Apenas esta sua predisposição. Com repouso, um clima seco, ar puro, o senhor estará completamente bom. Tudo depende do senhor. Não lhe receito coisa alguma. Procure um lugar calmo e alimente-se bem.

Saí do consultório do doutor Marques com o pavor da tuberculose. Era a moléstia da família. Vira a minha mãe morrer aos pedaços. Que coisa triste os dez anos que ela passou conosco, morrendo, se entregando aos poucos, reagindo com uma coragem admirável ao mal que lhe roía a vida. Desde muito pequenos que nós sabíamos que ela não viveria muito. Víamos que todos os seus pratos eram separados. E ela não nos beijava. Quantas vezes não a surpreendi com lágrimas nos olhos, a nos olhar brincando. Não brigava nunca comigo nem com minha irmã Guiomar, tão franzina, tão pálida como a minha mãe.

Logo muito cedo eu me encontrava com a morte dentro de casa. Ouvi uma vez uma criada conversando com outra da vizinhança:

— Coitada de dona Luísa, ela não chega a criar os filhos.

Aquilo me doeu muito. Quisera ir a meu pai e perguntar, mas tive medo. Meu pai vivia cheio de tantos cuidados, de cara tão triste, alarmando-se com qualquer incidente! Por esse tempo, todos os meses de inverno, nós íamos para a Floresta dos Leões, uma terra de bons ares. E fomos assim, até que uma noite de junho (ainda me lembro como se fosse hoje), foram chamar o doutor Marques às carreiras. Ouvi quando o carro dele parou à porta. Eu e minha irmã estávamos no nosso quarto, proibidos de sair. Pelo corredor da casa passava gente na ponta dos pés. Tive logo o pressentimento da coisa. Aquilo era mamãe que ia morrer. Abracei-me com Guiomar aos soluços. Minha irmã não largava uma palavra, coitada, como se houvesse perdido a fala. Abraçou-se comigo e assim ficamos uma porção de tempo. Chovia muito naquela noite. Do quarto de minha mãe vinha um rumor abafado de vozes. Depois ouvi um choro, alguém que soluçava alto. E ouvi bem que era a negra Felismina que chorava. Quis correr para fora do quarto, mas minha irmã me prendia, me segurava com tal força que me deixei ficar. E assim levamos um tempo enorme. Percebi o carro do doutor Marques saindo. Tudo estava acabado. Nunca mais que minha mãe olhasse para nós com aqueles seus olhos banhados de lágrimas. Depois foi Guiomar. A morte lenta de Guiomar. Parecia que o mal tivera um carinho especial para com ela, pois veio devagar, de manso, acariciando. Um dia meu pai levou-a ao consultório do doutor Marques. E quando voltaram, Guiomar não ficaria mais comigo no mesmo quarto, eu não podia tocar no copo dela, nem mais a minha irmã iria para o colégio. Daí por diante começou Guiomar a morrer. Meu pai foi com ela para um lugar da Paraíba e por lá ficou minha irmã uma porção de tempo com a negra Felismina. Todos os meses meu pai ia vê-la. E quando eu lhe perguntava por ela, ele não tinha nunca uma resposta decisiva. Custei muito a me acostumar sem a companhia de minha irmã. Eu tinha por esse tempo os meus oito anos e era dois anos mais velho do que ela. Mas tínhamos vivido tão juntos que a separação me deixou meio aleijado, no casarão da Madalena. Meu pai vivia cheio de cuidados comigo. Não queria que no colégio puxassem muito por mim. As janelas do meu quarto dormiam sempre abertas, e quando me vinha qualquer resfriado, me levavam para o doutor Marques. Não tinha nada, dizia sempre o doutor, e aconselhava que me alimentassem bem, que não me proibissem os passeios, que me dessem uma vida mais livre. Meu pai não quis mais se casar. Toda a vida dele era para Guiomar, que estava longe, e para o filho franzino. Uma tarde, ele chegou em casa aflito, arrumou a maleta que levava quando ia ver Guiomar e saiu muito pálido. Senti logo o que era. Sonhei muito naquela noite com Guiomar junto de mim. Todos os meus sonhos foram com ela.

De manhã disse à criada:

— Sonhei que Guiomar tinha morrido.

— Cala a boca, menino – me disse a criada. — Deixa de agouro.

E morreu mesmo. Depois de dois dias meu pai chegou, e logo que me viu no portão, foi me abraçando aos soluços:

— A tua irmãzinha morreu.

E desde esse dia começou a vida da casa da Madalena a girar em torno de mim. Eu era o centro de tudo, dos cuidados de meu pai, do zelo excessivo de Felismina. Um passo que eu dava por fora de casa era notado, um chuvisco que levava era um acontecimento. Felismina me espionava por toda parte. Via os meninos da minha condição soltos pelos quintais, trepados pelas mangueiras, brincando pela rua. Soltos e vivos. E eu proibido de botar os pés por fora, de juntar-me à grande vida de todos os outros. Via o sol, via o Capibaribe, que corria por trás de casa, como perigos a evitar. Uma vez, não sei de que jeito, eu me senti como os outros meninos. Andei umas duas horas à toa. E fomos para debaixo da ponte grande. Quando voltei para casa, foi como se tivesse fugido para terras distantes. Felismina já estava aflita. Havia gente à minha procura. A casa toda em rebuliço por minha causa. Não quiseram nem contar a meu pai.

Toda a minha adolescência fora assim, cercada desses cuidados excessivos. As minhas lições as tomava em casa um professor particular. Ia no fim do ano para os exames do ginásio com o pavor dos professores e dos alunos. Fiz todo o meu curso de preparatório assim, até que me meti na Escola de Engenharia. Mas o zelo de meu pai não se atenuara com a minha idade. Para ele eu continuava a ser o irmão de Guiomar, o menino franzino. Nas férias nós íamos passar meses em Floresta e eu sempre vivendo no uso constante de fortificantes. Toda a vida dele era para me ver, preocupar-se comigo.

Às vezes, quando eu chegava mais tarde, quando um colega me chamava para estudarmos juntos, encontrava meu pai na sala me esperando, lendo qualquer coisa, como pretexto. Eu sabia que era por minha causa. E uma espécie de remorso começou a existir em mim. Eu estava matando meu pai, eu era culpado daquela sua palidez, das suas enxaquecas periódicas. Muitas vezes, me chegava a vontade de ir a ele e de ser franco, pedir-lhe que me deixasse de mão. Eu não era uma criança para merecer aqueles cuidados excessivos, aquele zelo caviloso. Tinha saúde, dormia bem, me alimentava como todo o mundo. Por que então todo aquele cerco em torno de minha vida? Brigava com a negra Felismina, quando ela se chegava para examinar se as minhas botinas estavam molhadas. Não era mais um nenê. Ela que fosse cuidar de outra coisa. A negra velha sorria, não se importava com as minhas palavras. E se de fato as minhas botinas estavam molhadas, lá vinha ela com outras, me passando carão. A negra me queria um bem que me tocava, que me comovia. E sempre que me aborrecia com ela, com aquele jeito de me tratar como o menino de dez anos, arrependia-me logo. Felismina abria a boca no riso melhor do mundo. Eu seria para ela o mesmo, o menino que não podia brincar com os outros, que não podia passar horas no sol, que não podia levar chuviscos na cabeça. Ela me chamava seu Lola. E a verdade era que a sua voz, os seus cuidados, tudo de Felismina eu sentia como se fosse ainda o orfãozinho de mãe que ela criara.

2

Depois foi a doença de meu pai. Tivera uma síncope no escritório e o trouxeram para casa, muito mais pálido do que era. O doutor Marques me dissera, com aquela sua voz grossa e arrastada:

— O Deodato está muito doente. Há uns dois anos, examinando-o, constatei-lhe uma grande lesão cardíaca. Isto é de família. O pai e o irmão se foram assim.

E desde esse dia meu pai começou a agonizar. Mais de um mês de dispneia, arriado na cama, vivendo à custa de remédios do doutor Marques. Morte terrível. Uma vida comida com todas as dores. Parece que ainda o vejo com os olhos postos em mim, nos poucos minutos que se livrava da falta de ar. Vieram alguns parentes para assisti-lo. Junto dele fiquei noites inteiras, vendo a cada instante que ele se ia para sempre. Mas não era o fim. Era a vida que ainda tinha qualquer coisa. Um recurso qualquer para oferecer à fome, à ganância da morte. Felismina não dormia e de vez em quando chegava com uma xícara de leite para me dar e só arredava o pé quando eu bebia a ração. Por várias vezes tive que ser grosseiro com a boa negra, de tantas recomendações ela me cercava, querendo à força que eu fosse dormir, dizendo-me que de nada valia ficar por ali, que havia gente tomando conta do doente.

Meu pai também sentia aquilo. Uma ocasião, quando a dispneia o deixara mais tranquilo, ele me chamou com um aceno para junto dele e me falou com a voz sumida:

— Lourenço, vai dormir. Eu já estou melhor.

Saí de perto de meu pai para não chorar na sua frente. Era em mim que ele pensava, com a morte na cabeceira de sua cama, no filho fraco que uma corrente de vento, umas botinas molhadas poderiam destruir.

Morreu numa tarde de junho, às cinco horas, com o céu da Madalena escuro, o tempo carregado de chuva. Vi-o estendido na cama, entregue de corpo e alma ao nada, de mãos cruzadas sobre o peito, de olhos fechados para sempre. Botaram o crucifixo do santuário de minha mãe na parede do quarto. Acenderam velas, vestiram meu pai com o seu melhor trajo de sair. E Felismina chorava alto, como no dia do enterro de minha mãe.

Era a segunda vez que eu via a morte entrar e sair daquele casarão da Madalena.

3

ERA EM TUDO ISSO que eu pensava, depois que o doutor Marques me examinara, com aqueles seus conselhos de sempre. E assim deixara o seu consultório, pensando em tudo isso. E saí andando à toa, com a cabeça virada para as coisas de muito longe, embora os pés me levassem, me conduzissem à sua vontade. Estava no cais Martins e Barros. Para ali gostava de ir nas tardes em que me sentia com vontade de ver as coisas. Nada havia no Recife que me agradasse mais. Nem os sítios, as mangueiras da Madalena, o casarão onde nascera, cercado de fruteiras e sombras tão mansas. A minha vida era fácil, meu pai me deixara bens que me garantiriam uma existência tranquila, se não fosse o pavor da doença que me perseguia. Felismina morava comigo, bem velha, mas com todos os sentidos alerta para servir ao seu Lola, para aquele resto de família, que ela vinha servindo com tanto esforço. Não me quisera casar.

Não podia. Para que procurar mais gente para se ligar ao meu destino? Sentia mesmo que me faltava vitalidade, que o meu corpo, apesar de todos os meus cuidados, era um corpo incapaz de grande energia. Para que me ligar aos outros, a uma mulher para quem não tivesse tudo que ela desejasse? Teria que morrer cedo. O doutor Marques falara-me em predisposição de família. A mãe tísica, o pai cardíaco. Ele queria que eu fosse para o campo, para um clima bom. De que me serviria tudo isto? De que servira tudo isso a minha mãe e a minha irmã Guiomar? A doença era invencível, capaz de derrubar as maiores resistências.

Naquela tarde o cais Martins e Barros parecia num dos seus grandes dias. Barcaças chegavam de longe e barcaças saíam para as ilhas, para as praias do sul. E eu olhava aquela gente, aqueles homens de roupas de algodãozinho, de braços fortes que aguentavam sol e sereno, que levavam chuva no lombo, que dormiam ao vento nos seus barcos e que viviam, resistiam a tudo, respeitados pela morte, pelos maus ventos, pelos golpes de ar, pelas umidades, pelas friagens das noites de chuva. A vida entre eles não era aquela pobre vida que eu defendia, um fiapo de vida a partir-se com qualquer esforço. Guiomar nem chegara aos sete anos, como uma pobre fruta de vez, que caíra com um ventinho mais forte. Minha mãe nem chegara aos trinta, e meu pai abatido aos quarenta e poucos. O doutor Marques mexera, apalpara os meus órgãos, me pedira escarro e não encontrara lesão nenhuma. O que eu sentia era que a espécie de minha vida era fraca, era débil. Tudo estava bom, mas de um minuto para outro tudo cairia aos pedaços, como um copo jogado no chão. A grande coisa era poder viver, confiando na força que a gente levasse consigo.

A tarde era linda naquele cais. Lá para os lados, o céu era de uma variedade de cores espantosa. As nuvens se espalhavam no rio e o apito dum rebocador que passava rompendo as águas era macio, não doía aos ouvidos. Barcaças abriam as velas para os seus caminhos, com os homens confiados na força de seus braços e na força do vento. Aqueles homens confiavam em si. Podia soprar o vento que quisesse, cair toda a chuva do céu, que eles confiavam, que os corpos deles não se amoleceriam, não se desmanchariam. Meu pai e Felismina me guardaram do vento, da chuva, dos mormaços. Aquela gente que ali estava se criara debaixo dos elementos, sentindo o frio das madrugadas e a ferocidade do sol, e assim mesmo vencia, chegava à velhice, tinha força para aprumar os lemes, carregar sacos nas costas.

O que me faltava era a certeza de que também podia viver. Faltava-me o que sobrava a todos eles, o domínio absoluto sobre o dia de amanhã.

4

Nos meus dias de menino eu me lembrava de Deus. Aos 24 anos sentia Deus muito distante, uma sombra, um conto esquecido. Só a morte permanecia, era uma certeza, uma preocupação que sempre me chegava nos momentos de isolamento. O Deus de Felismina fora o que eu encontrara dentro de casa em menino. Minha mãe não tivera tempo de nos ensinar coisa nenhuma, e meu pai não acreditava, parecia alheio a tudo que não fosse a minha saúde. Tanto assim, que eu cresci, fiquei homem, sem que ninguém se lembrasse de me aproximar da religião. Felismina me ensinava orações, me pregava no pescoço bentinhos e fazia sempre promessas para mim. Aquele Cristo de braços estendidos, posto junto do corpo de meu pai, já naquele tempo não valia quase nada para mim. Sentia-me seco, um coração frio para os estremecimentos da fé. Não acreditava em nada. Às vezes essa indiferença parecia uma diminuição de mim mesmo. Homem sem crença, homem sem esperança. Não tinha esperança. De lutar para viver nunca precisei. Possuía bens, e o trabalho que arranjara no escritório de um amigo era mais para encher o meu tempo vazio de tudo. Não quero contar a minha vida. Ela é tão pequena, tão sem relevo, que não merece isso. Para que deixar aos outros o exemplo de fraqueza como a minha? Se escrevo estas impressões, é mais para tomar o meu tempo. Amigos nunca os tive, além da camaradagem. Amigo que entrasse em minha vida, que fosse um sócio dos meus entusiasmos, um confidente, me faltou sempre. Um homem com o meu feitio deve ser um tipo a evitar. Os meus colegas de escola a princípio ainda me procuravam, mas me viam tão sem capacidade de afeição que me deixavam de lado. Lembro-me de um com quem estudava. Eu ia para a sua casa na rua da Aurora, num primeiro andar, onde ele tinha um quarto alugado. O rio ficava à nossa vista. Com as janelas abertas, víamos o Capibaribe com luzes boiando pelas águas. O colega muitas vezes queria ir além das lições comigo, contava a sua vida, abria-se. Falava-me sempre de seu pai, que morreu tragicamente de um desastre de automóvel na estrada de Goiana, de sua mãe que ficara tomando conta de todos os negócios da família, uma mulher admirável. Tinha ele irmãos estudando nos colégios. E falava-me tanto de si, de sua vida... Mas eu, encolhido, não me via com jeito de falar de mim. Um escrúpulo estranho me asfixiava. E depois tinha horror de que os outros soubessem da doença que arrebatara minha mãe e minha irmã. Sentia que outros poderiam me evitar com medo de que eu fosse também um tísico, que pudesse também propagar a doença que era dos meus. Perto do amigo a falar de sua gente, quando descansávamos do estudo, eu ficava mudo. E voltava para casa diminuído, sentindo-me infeliz, inferior a todo o mundo. Este sentimento de inferioridade dificilmente me tem abandonado. Daí todas as minhas crises, os meus medos, a minha fraqueza diante da vida. Poderia contar toda a minha vida até hoje, fazer um relato minucioso do que venho sofrendo, do que venho aguentando dos meus nervos de moço. Mas para que deixar o depoimento de tanto desconforto?

O doutor Marques devia ter me achado um tanto abalado, senão não me teria aconselhado repouso num lugar de clima suave, de bons ares. Minha mãe e Guiomar viveram sempre a procurar terras para ajudar a resistência de seus órgãos roídos. O doutor Marques sem dúvida descobrira qualquer coisa. Eu sabia que há doenças que se iniciam com aquela intranquilidade, com aquele nervosismo que me vinha perseguindo. Andava inquieto, sentindo-me opresso. Bastava o tempo mudar, o céu se encher de nuvens grossas, o céu baixar mais para a terra, para qualquer coisa de esquisito tomar conta de mim. Contava as pulsações, contava às vezes até cem por minuto. Só me sentia bem andando a pé. E só. Longe de todo o mundo. Por isto o cais Martins e Barros me agradava tanto. Ali corria uma vida diferente. O rio, a luz macia, os sobrados velhos, as embarcações, velas que se abriam, gente que ia e vinha, tudo servia para me amortecer a vibração dos nervos. Não devia porém me iludir. Era a doença que se aproximava. Naquele inverno as minhas gripes se amiudaram. É verdade que eram passageiras, não me levavam à cama. Mas por qualquer chuvisco, por qualquer golpe de ar vinha-me o resfriado. Por isto fora ao doutor Marques. Era o melhor médico, mais cheio de experiência que de ciência, capaz portanto de me ver melhor. E ele, apesar de todas aquelas negativas, de todos os exames, sem dúvida que sentiu o ponto fraco, o sinal da família aparecendo, ao alcance de seus dedos e de seus ouvidos. Devia ir para um lugar tranquilo e de bom clima, uma terra que me desse ar para purificar os pulmões na iminência de um rompimento. Deitar sangue pela boca, sentir o gosto de sangue na boca e saber que era a vida que escapava, a morte que chegava. Havia um poeta de quem nem me lembrava o nome que começava um poema triste com este verso doloroso: "Ah como é triste ser tuberculoso!" Não. Tudo faria para que essa desgraça não me afligisse. Guiomar, coitada, e minha mãe lutando dez anos. Não, tudo faria. Todos os conselhos do doutor Marques, todas as cautelas, todos os recursos. Aqueles homens que eu via ali no cais carregavam sacos de açúcar, dormiam embalados pelo vento, acariciados pela neblina da noite. A lua fria beijava os seus corpos e eles viviam porque queriam viver.

A tarde ia ficando triste. O céu já não tinha aquelas cores de há pouco e o vento era mais frio no cais. Uma estrela aparecia no céu. Eu teria que procurar uma terra que fosse amiga, que me desse o ar doce de suas árvores para respirar, que me desse o leite de suas vacas, a força de suas entranhas para me salvar.

Passava um rebocador de chaminé arriada por causa da ponte. Um homem velho manobrava no leme, governando a embarcação. Um velho, um homem velho. Por que então, aos 24 anos, eu me entregava, eu sucumbia? Uma terra boa me daria energia, coragem.

Com aquele vento frio, era capaz de apanhar um resfriado. Precisava falar com Felismina e me preparar para a viagem.

5

Fazia um mês que estava em Pureza. Era um recanto retirado, onde só existia mesmo, além da casa do chefe da estação, o chalé onde eu morava. Um meu colega da estrada de ferro me arranjara aquele retiro. Fora uma casa que um superintendente da estrada construíra para passar o verão. O lugar é uma delícia, um retiro que só mesmo o gosto dum inglês poderia ter descoberto. Um esquisito, como diz o povo desses lugares. A minha casa fica rodeada de grandes eucaliptos, que rumorejam ao vento. Cigarras e pássaros fazem um rumor que acaricia os nervos. Lá embaixo corre um rio por cima de pedras. E o silêncio do ermo é de 24 horas. Felismina reclama todo dia esse desterro. Ela é a dona de casa. Uma vez a ouvi conversando com um molequinho contratado para o nosso serviço. Falava mal do lugar, da tristeza, do oco do mundo que era Pureza. Nunca vira terra mais esquecida de Deus, mais longe de tudo. A povoação mais perto era a de São Miguel. Na Madalena a sua vida estava enraizada e seus hábitos estratificados. Tinha os seus conhecidos, a sua missa, as suas conversas. Há cinquenta anos que Felismina chegara para a nossa casa e só saíra quando levara Guiomar para Lagoa do Monteiro. E lá vira minha irmã morrer. Vira minha mãe, minha irmã e meu pai se acabarem. Agora estava ali comigo atrás de saúde. Para ela o sacrifício seria grande. Mas bastaria tratar-se de seu Lola, para que suportasse satisfeita o esquisito de Pureza. Para mim a terra era uma verdadeira delícia.

Ficava eu pelas manhãs na minha cadeira de espreguiçar, a sentir o mundo que me rodeava. Os eucaliptos cheiravam até dentro de casa. Os pássaros cantavam todos ao mesmo tempo, numa algazarra de ensaio de orquestra. As cigarras dominavam, subiam a voz, manejavam instrumentos de alto fôlego. Às vezes, uma delas subia a voz como num desespero. E era mais um grito agudo, um desabafar o que eu ouvia. Fazia um mês que eu estava ali e ainda não me sentira enfadado. Felismina me aconselhava passeios pelos arredores. O ar da manhã era mesmo que remédio. Eu devia sair, andar pelos caminhos floridos, sentir o cheiro da terra de mais perto. Mas me faltava coragem. Aquilo ali era tão bom. Ia ver a passagem do trem das nove e do trem das duas. O grande silêncio de Pureza quebrava naqueles quinze minutos da parada dos horários. A máquina tomava água no depósito, a água doce do rio que corria por cima das pedras. E fora só por isso que haviam se lembrado daquele lugar para uma estação. Fora a água azul de Pureza que vencera os engenheiros da estrada de ferro. Felismina fizera amizade com a família do chefe, um homem gordo, de olhos azuis, que sempre me cumprimentava de longe. Mas não queria sair do meu bem-estar e não procurava chegar até aquele pobre homem, perdido com a sua família naquele esquisito. Aquilo poderia ser castigo. Chefe de estação que ficava em Pureza era por castigo. A negra me dissera que a gente do chefe era de boa família. O pai dele fora senhor de engenho em Palmares. Mas a história do chefe não me interessava. Estava em Pureza para me curar, para tirar da terra tudo que ela pudesse me dar. Aqueles eucaliptos teriam que destilar oxigênio que me lavasse os pulmões, aquele silêncio teria que amortecer toda a aspereza dos meus nervos. E pouco estava me importando que o coração de Felismina se enternecesse pela história do homem gordo, de olhos azuis. Pela pobre família que se escondia naqueles ermos, para pagar pelos pecados dos outros. A vida, a minha vida era tudo que me interessava. Felismina me chamava de bicho:

— Menino, o senhor não se parece com gente. Vote, não conversa com ninguém. É só por aí, para um canto, como um bicho.

O negrinho que eu tomava para criado dera para se sentar num dos batentes do alpendre, e enquanto a minha rede rangia nos armadores, ele ficava também a olhar o mundo, horas inteiras, sem dizer uma palavra.

Um dia puxei por ele, querendo saber donde era. Já havia lido os jornais do Recife e estava sem pensamento na cabeça. Luís então me contou a sua vida, numa língua de meio gago. Não tinha pai nem mãe. Era só, sem irmãos, sem parentes de espécie alguma. Fugira do engenho Juçara, que ficava a duas léguas da estação, e estava na casa do chefe, fazendo mandados da família, quando eu chegara ali. Não tinha pai nem mãe. O pai, não soubera quem fora. A mãe morrera de bexiga. Lembrava-se do dia em que levaram a pobre para o meio da mata. Tocaram fogo no casebre onde moravam, nos cacarecos, em todos os panos. Não podia ficar nada de bexiguento. Ficara só, no pastoreador do engenho, vestindo molambos que lhe davam, comendo os pedaços de ceará da ração. Viera ali para a estação, mas sempre que via gente do engenho Juçara, se escondia com medo, porque eram capazes de levá-lo outra vez para lá.

A história do negro me comoveu, me fez mal. Naquela noite custei a dormir. Era o que me acontecia quando qualquer coisa me emocionava, o sono custava a chegar. À noite me lembrei do negrinho. Felismina o tratava bem, até uma roupa branca minha pedira para ele. O pobre pouco falava. Eu poderia melhorar aquele negrinho, fazer dele qualquer coisa. Podia até me ser uma experiência agradável com a natureza humana, fazer Luís subir de vida, dar-lhe uma consciência mais alta da existência. Felismina era feliz. Em mim se concentravam todas as suas ambições. Se ela me visse em cima da cama, como minha mãe e Guiomar, seria para a pobre negra uma destruição. Era feliz no serviço, na dedicação. Que seria de Luís quando chegasse a descobrir o que era, quando sua capacidade de descobrir as coisas se abrisse para o mundo. Um escravo assim, com a consciência da escravidão, era o que fazia tremer a ordem das coisas. Uma noite de insônia tinha uma extensão de eternidade. Se houvesse um instrumento para registrar o que passasse pela cabeça de um homem nessas condições, ele não poderia nunca conter todos os seus pensamentos, todas as suas ansiedades. Pensando em Luís, pensando em Felismina, pensando no mundo, fiquei horas.

    Lá para fora era noite, fazendo mistério das menores coisas. Com a janela aberta, eu via o céu estrelado, pinicando. E o vento que agitava os eucaliptos parecia um vento de conto de fantasmas. Os meus nervos arrepiados pela insônia me faziam sentir, ver e ouvir em excesso. Nada escapa a um atormentado pela insônia. A história daquele negro infeliz me perturbava a noite. Lá pela madrugada ouvi um apito de trem muito de longe. E, nada é mais triste nessas ocasiões do que um trem que se comunica, envia a sua mensagem por dentro da noite. Sem dúvida que viria de Campina Grande, carregado de algodão. O maquinista, quando chegasse em casa, dormiria um sono pesado, profundo, sem pensamentos bestas para lhe perturbar a cabeça. Tinha a impressão horrível de que só eu no mundo, àquela hora, não dormia. Eu somente no mundo inteiro. E por causa da história infeliz dum moleque qualquer não podia fechar os olhos, deitar a cabeça no travesseiro e dormir até o outro dia.

    O trem que apitava de longe vinha chegando para a estação. A máquina chiava. E eu ouvia nitidamente a conversa do condutor com o chefe da estação. Era uma composição de carga, que teria de alcançar muito cedo o Brum, para pegar um navio no porto. Eu ouvia a água caindo no tanque da máquina.

 E com pouco mais o trem deixava Pureza. O chefe da estação cairia outra vez no sono e na certeza dormiria bem. Só eu mesmo ali velava daquele jeito. Era por força da minha doença que vinha se chegando. Sim. Não escaparia da fome dos micróbios que tinham devorado minha mãe e Guiomar. Nascera com eles, na minha carne, no meu corpo.

 Levantei-me para olhar de mais perto, pela janela aberta, o que ia lá por fora. O céu era profundo e a escuridão não permitia que se visse nada. Apenas ouvia o falar da noite, a linguagem dos grilos que se exprimiam com a noite. Mas o cheiro bom dos eucaliptos me chegava como uma compensação para tudo aquilo. Era um perfume para acalmar. Todo o mundo ali por perto dormiria a sono solto. Eu somente de ouvidos abertos para os grilos, para os rumores da noite. Foi então que ouvi baterem na porta. Era Felismina. Felismina que queria saber se eu precisava de um chá de laranja, muito bom para fazer pegar no sono. Pobre negra, velava por mim lá embaixo. Sem dúvida que não pregava olhos, ouvindo que eu me mexia na cama, me levantava. Todos os meus movimentos eram perceptíveis para os seus ouvidos. Que sentimento era aquele de Felismina!

 E foi assim, com ela na cabeça, que adormeci naquela primeira noite de insônia de Pureza.

6

Começara sem dar por isto a me preocupar com o povo de Pureza. Seria no máximo uma dúzia de gente que morava por lá. Na casa do chefe da estação contavam-se: ele, a mulher e duas filhas moças. E estes eram os mais próximos da minha casa. Do outro lado da linha, o agulheiro e a mãe. Na hora dos trens de passageiros, porém, a estação se movimentava. Do meu alpendre eu via quando começava a chegar gente. O primeiro que aparecia era um cego, que sempre passava pelo chalé para pedir a Felismina a sua esmola. Duas vezes por dia esse cego ficava na plataforma, de mão estendida. Vinha também um carteiro de São Miguel com a mala do correio. Esses dois eram figuras obrigatórias. Às vezes chegavam carros de bois com famílias dos engenhos. As mulheres procuravam a casa do chefe, para mudar os vestidos. E os homens tinham direito às cadeiras de palhinha da sala de visitas. Outros, de guarda-pó no braço, esperavam o trem. E a estação ficava com uma meia hora de movimento intenso. Quando havia atraso no horário, saíam para passear pelos arredores.

 Da minha casa, ficava olhando tudo isto. Sabia dos atrasos dos trens, dos nomes dos passageiros, pelo moleque. O Luís só não dava notícia do pessoal do engenho Juçara. Ninguém via o moleque nessas ocasiões. Mal via ele gente de lá, se escondia até a partida do trem. Felismina brigava com ele. Que deixasse de ser besta, que tempo de escravidão já tinha passado. Mas Luís não queria saber disso. Fugia sempre desde que descobria alguém do Juçara.

 Fazia dois meses que eu estava em Pureza e, sem saber como, sabia de muita coisa. Conhecia os carros do engenho Gameleira pelos bois, que eram gordos, e pelo falar dos carreiros. O senhor de engenho do Gameleira era o melhor da zona, dono de quase tudo, forte na política. Os carreiros dele falavam mais forte, gritavam com o agulheiro quando não se abria o armazém na hora, quando não se despachavam depressa as mercadorias que eles traziam. O chefe tratava das coisas do Gameleira com outro jeito. Conhecia também os carros de bois magros. Havia um que metia pena. Eram quatro grelhas puxando sacos de açúcar do engenho Puchi. A gente era mansa como os bois. O chefe falava alto para esse povo, reclamando contra o açúcar molhado que sujava a plataforma.

Lá um dia, me chegou na porta um sujeito com uma carga de milho verde, presente que o coronel Joca do Gameleira me mandava. Tinha me visto uma vez na estação e me convidara para ir até seu engenho. Conhecera meu pai em viagem de trem no tempo em que este estava com a mulher doente em Floresta. O coronel Joca me pareceu um homem de trato, com os seus cabelos brancos, a cara vermelha, os olhos azuis. Era um Wanderley. Agora me mandava aquele presente. Felismina foi logo dividindo o milho com o pessoal da estação. E eu mandei um cartão agradecendo a gentileza da lembrança.

Às tardes eu saía de casa para passear pelos altos. O meu chalé estava cercado pelas terras do engenho Gameleira. E por onde eu passeava era propriedade do coronel Joca. A estrada de ferro em Pureza adquirira uma nesga de terra que dava somente para construir a casa do motor onde funcionava a bomba. Com dois passos estávamos dentro do Gameleira. Pelas tardes espichava as pernas, andando à toa. Felismina vivia me dizendo todos os dias que aquela vida de parado só podia me fazer mal. O fato era que a minha melhora estava às vistas de todo o mundo. Engordava e me sentia bem, mais disposto, menos preocupado com a precariedade do meu destino. À tardinha, quando saía, vinham-me pensamentos e planos na cabeça.

Lá para cima ficava a mata espessa, onde se entrava por uma vereda que mal dava para uma pessoa. Era um silêncio de igreja deserta que se sentia dentro da mata. Silêncio profundo. Nunca me senti tão só comigo mesmo, tão íntimo de minha vida como andando por baixo daqueles arvoredos seculares. O coronel Joca tinha cuidados para aquela mata, como se fosse para uma filha. Contara-me o chefe da estação que o coronel dissera muito desaforo ao engenheiro da companhia que propusera a compra da mata.

Andar por ali à tardinha era muito triste. Logo que eu percebia a noite chegando, voltava às pressas, com medo não sei de quê. Lá por fora a tarde ainda tinha sol de sobra, um poente enfeitado de mil cores, para compor belos crepúsculos naqueles dias de verão. Do alto eu via a estação insignificante, na sua cor cinzenta, o armazém, a minha casa afogada no meio dos eucaliptos. Ouvia o ruído do rio correndo por cima das pedras. Todas as tardes era aquilo mesmo. A tristeza não variava, as cigarras cantavam do mesmo jeito. Então eu descia para casa, e quando chegava mais tarde, Felismina brigava comigo. Eu devia ter cuidado com o sereno, porque a friagem de boca de noite era medonha para dar resfriados.

A luz da sala de jantar já estava acesa, e eu lia outra vez os telegramas do *Diário de Pernambuco*, enquanto não me chamavam para a ceia. Às vezes dava para cogitar. Lá em cima moravam trabalhadores do engenho Gameleira. Sempre eu passava pela porta deles. E estavam sentados na porta a mulher e os meninos. Olhavam para mim espantados e sem dúvida que não davam muito pelo meu juízo. Que quereria fazer por ali um homem que não era dono das terras, correndo a mata, sem que tivesse interesse naquilo? Eu havia sabido a história de Juvenal Coelho, da Paraíba. Viera ele passar uma temporada no sítio dum amigo em São Miguel. E todas as manhãs saía de pés descalços, sem chapéu, tomando o seu banho de sol. O professor curava com água fria, médico pelo sistema naturista. Um morador das proximidades começou a se intrigar com aquele sujeito pequeno, que passava todos os dias como um aluado pela sua porta. E um dia chamou outros companheiros e foram com o professor às cordas. Só podia ser um doido. E entraram em São Miguel com o pobre amarrado, para entregar às autoridades. Essa história se contava como anedota. Mas bem que podia ter a sua verdade. Aquela gente não poderia nunca compreender um homem como eu, entrando dentro da mata, parando para olhar um pé de sapucaia, um pau-d'arco, sem ser com interesse qualquer. Eles não compreendiam. A árvore para eles não servia nunca para enfeitar, para gozo dos olhos. Quando muito seria uma sombra. Havia um pé de juá, bem verde, na porta daquela casa por onde eu passava. Rodeando a árvore, havia um chiqueiro de porcos e pela tardinha as galinhas se agasalhavam pelos seus galhos. Eles não deviam compreender como os ingleses da estrada haviam cercado o chalé de eucaliptos, só para enfeite.

    Numa manhã parei na porta, para falar com uma daquelas mulheres. Ela baixou os olhos, e os meninos correram para dentro de casa. O marido tinha descido para o engenho. Não tive coragem de ir adiante na conversa. Aquela natureza era tão aviltada que não ousava olhar de frente, como se uma luz de sol muito forte lhe doesse na vista.

    Subi naquela manhã para a mata, intrigado com a vida que se escondia daquele jeito, que se decompunha assim. Os paus-d'arco subiam mais altos que as outras árvores. Tinham flores bonitas para mostrar, amarelas, roxas. Gostava de olhá-los de fora, antes de me meter pela mata adentro. A natureza era assim mesmo, abrindo exceções, regalando uns de privilégios, de dons, de encantos, de destino mais nobre.

Aqueles paus-d'arco pareciam uns senhores da mataria espessa. Ali perto estava aquela mulher, um caco de vida. Criava porcos como criava os filhos, com restos.

Andei muito, levei sol à vontade. Eu tinha tudo. Um pai me deixara fortuna. Vinha para Pureza atrás de vida mais forte. E ali a dois passos de mim uns seres humanos eram iguais aos porcos. E viviam. Viviam, esta é que era a verdade. Não sei por que aquela desgraça me deixara com mais vitalidade. Pode ser uma monstruosidade confessar, mas a miséria dos pobres do Gameleira me deixara com mais confiança. Pode ser que fosse efeito dos ares, do clima bom. Mas a minha qualidade de vida melhorava. Desde aquele dia comecei a me sentir com mais esperança, com outra certeza, outra coragem.

7

Ainda não falei na família do chefe da estação. Felismina sempre me referia à bondade daquela gente.

De vez em quando de lá me mandavam presentes, tapiocas, pamonhas para o café. A negra me dizia: "Isso foi dona Chiquinha que mandou para o senhor. Dona Chiquinha fez hoje uma canjica de primeira e mandou para o senhor esse pratinho."

A negra velha estava deslumbrada com a amizade dos brancos, que tinham tido avós mandando nos engenhos. Eles de lá chamavam dona Felismina à boa negra, que era mesmo que ser minha escrava. Porque, pensando bem, Felismina não era mais que uma escrava. No dia em que eu lhe falei de ordenado marcado, ela chorou de infelicidade. Então eu queria pagar, fazer dela uma negra como as outras, com trinta mil-réis por mês? Por isso eu lhe dava toda a força, as regalias de dona de casa. Tudo que ela fazia estava bem-feito. Era Felismina quem se entendia com os fornecedores, quem pagava, quem promovia as coisas na casa. E eu via o seu orgulho, a sua satisfação de mandar, de sentir gente às suas ordens. Mas (pobre da minha negra!) mandava com brandura, como se tivesse medo de abusar da sua autoridade. O moleque Luís era como se fosse o seu filho mais novo. Brigava com ele quando andava metido por fora de casa. Temia os trens. Tinha medo de ver o negrinho pelo leito da linha na hora da chegada dos trens. A vocação maternal de Felismina me parecia extraordinária. Agora a sua amizade com a família do chefe se requintava em luxos de gentileza. Viviam de presente pra lá e pra cá. Do meu canto, achava graça na habilidade que Felismina manifestava para a vida social. As ligações do chalé dos ingleses com a casa da estação estavam feitas graças a ela. A mãe do agulheiro também aparecia para conversar, e o cego já era nosso íntimo. Tinha todos os dias o seu prato para o jantar das duas. Pensando bem, eu me sentia acomodado com aquela vida. De minha casa se irradiava qualquer coisa de novo, uma vida que ia se encontrar com outras.

    Sempre que eu ia assistir à passagem dos trens, via na janela da estação as duas filhas do chefe. Cumprimentava-as, e elas duas sorriam para mim. Reparando bem, eram duas moças bonitas. E disto elas tinham consciência, pois se enfeitavam para os horários. Uma delas não dispensava uma franja, e a outra, de cabelos louros, deixava os cachos encaracolados caídos pelos ombros, para que o povo dos trens se regalasse. Ficavam as duas debruçadas na janela. Isto invariavelmente às nove da manhã e às duas da tarde. Via-as assim, e não sei por que ficava com pena daquelas moças, escondidas naquele oco de mundo, bem bonitas, se contentando com aqueles poucos minutos para viver, para sentir que o mundo não era só o silêncio, a calma, o cantar das cigarras, a tristeza da estação de Pureza. Então me ficava atravessado o drama daquelas duas vidas, daquelas duas naturezas em plena floração, perdidas ali.

Podia ser que fosse em mim o nascimento da poesia que se operava, mas imaginava tanta coisa, tanto romance, tantas lágrimas, tantos anseios, tanta vontade de amor naqueles corações!

Felismina já me havia contado aos pedaços a história do chefe da estação. Os avós foram grandes, tiveram muitas terras em Palmares. Mas o pai dera para o jogo. Botara o engenho no lasquinê, perdera tudo, e os filhos tiveram que ficar assim pelo mundo, como o pobre de seu Antônio, criando as filhas na estação da Great Western, vivendo de Cabedelo para Araçá, de Araçá para Periperi. Infeliz existência para quem tivera antepassados enraizados em terra, que haviam vindo de antigos troncos. Aquilo dava um romance. A história do chefe da estação Antônio Cavalcanti dava um romance de fôlego, compacto, cheio de sopro poético, como os ingleses sabem fazer. Um Thomas Hardy faria da vida do chefe da estação de Pureza qualquer coisa de grande. A tragédia de um fim de raça, com toda a poesia da desolação. Um dia os Antônios Cavalcanti encontrariam intérpretes na altura de suas dores.

Do meu alpendre eu via o movimento da estação. Seu Antônio, de boné na cabeça, com as iniciais da estrada de ferro, G.W.B.R., em letras de ouro. Também ele só usava aquilo na hora dos trens. Agora, com a safra, o movimento de Pureza crescia. De vez em quando chegavam carros de bois carregados de açúcar e de lã. A paz do retiro se quebrava com o chiado dos carros, com os gritos dos carreiros. Mas aquilo passava e Pureza voltava outra vez ao seu natural. Na estação havia um gramofone que me deliciava. Eu já o esperava com ansiedade.

No meio daquela solidão a voz da máquina não me irritava como em qualquer outra parte. O sol lá por fora estava queimando pelos altos. Eu via mesmo como o verde das árvores se sentia com a intensidade da luz, se amortecia, ficava com outro tom. Era quando sem ter nada para fazer, com o *Diário de Pernambuco* lido e relido da primeira à última página, o gramofone da estação se abria para mim. Ouvia-o primeiro anunciando a peça: "Casa Edison, Rio de Janeiro!" E depois a voz mecânica, áspera, enchia o ermo de música. Tocava dobrados do Corpo de Bombeiros, uma moda de Catulo Cearense, uma valsa que me enchia de um prazer sem igual, de uma grande vontade de ser feliz, de amar.

Depois o concerto parava. E as cigarras chiavam, os pássaros cantavam – todos ao mesmo tempo. Não haveria regente que contivesse aquela balbúrdia. Todos ao mesmo tempo, como se houvesse uma competição entre eles. Fechava os olhos na minha espreguiçadeira, quando não me deitava na rede, cheio que me sentia, naqueles momentos, de uma satisfação que nunca me aparecera.

Dois meses atrás eu não me julgava capaz de levar a vida para diante, sem fôlego, fazendo de mim mesmo uma ideia pobre, magra. Nada haveria de sair de minhas mãos, e o meu coração jamais que palpitasse por um entusiasmo qualquer. Sempre a morte na minha frente, morte que eu vira arrastando consigo os meus entes mais queridos, os mais próximos de meu espírito e de minha carne. Viera para Pureza sem esperança, com os meus pressentimentos. E com pouco tempo vinha me chegando aquele interesse pelos seres que me cercavam, que viviam junto do meu chalé. E não era só interesse pelos humanos. Não eram só os seres humanos que me tocavam. Reparava nas árvores, no verde-claro das folhas das canafístulas, sentia com prazer particular o perfume dos eucaliptos. Às vezes até pensava que fosse uma perturbação do olfato e chamava Felismina para saber também se ela sentia aquele cheiro delicioso. A negra velha me dizia que era aquele ar o que dava saúde. Cheiro de eucalipto era bom para o peito.

Às tardes, quando não saía para os meus passeios pelas matas próximas, eu ficava reparando na vida que se estendia lá por fora. Via a tristeza chegando mais para perto das coisas. O sol ia se pondo, por cima das folhas dos eucaliptos ainda se podiam ver os últimos raios esquivos. E as sombras já cobriam a estação. E lá para os lados da estrada de ferro escurecia. Os cantos mais baixos, mais tristes. Dona Francisquinha, a mulher do chefe, tirava panos do coradouro. E eu ouvia o tique-taque do telégrafo, e andorinhas se punham pelos fios. Se o gramofone tocasse a valsa da *Viúva alegre* naqueles momentos, seria para arrancar lágrimas. E quando havia mais silêncio, quando o vento não soprava ao contrário, o toque das ave-marias da igreja de São Miguel vinha até Pureza nos constranger ainda mais. Para mim era dura a hora em que o sol começava a deixar Pureza entregue às sombras da noite. O curioso, porém, é que a minha tristeza era diferente daquela melancolia do Recife, das minhas tardes do cais Martins e Barros, da Madalena. Parecia-me que a tristeza agora me alimentava, me dava mais do que tirava. Não exageraria dizendo mesmo que era uma tristeza que me deleitava. Até esperava as tardes com uma certa ansiedade.

Enquanto isso, Luís ia subindo com a proteção de Felismina. Aprendia a ler com a mulher do chefe e andava calçado com velhas botinas minhas. Eu gostava de ver como se desenvolviam em Felismina os seus instintos maternos. Luís quase nada fazia dentro de casa. Ele tinha de ir buscar na povoação o que não me vinha do Recife, carne, pão fresco. Era ele quem trazia a água da fonte escondida na mata. Uma vez ouvi

Felismina reclamando por causa do balde cheio que Luís trazia na cabeça. Era peso demais, podia ofender. O moleque já me chamava de "meu padrinho". Aquilo fora ordem de Felismina. O fato porém estava evidente: o negrinho subia de condição, melhorava de sorte. Aquele desgraçado que me chegara em casa mudava-se, estava mais próximo de sua verdadeira espécie. E apesar de tudo, Luís não podia ver gente do Juçara que não corresse para se esconder. Mais de uma vez ouvi Felismina dando grito nele. Deixasse de besteira. Que poderia fazer o povo do Juçara com ele, que era livre? A coragem da negra não animava Luís. Fugir era melhor. E fugia sempre.

O pessoal da estação estava mais próximo do chalé, graças à minha dona de casa. Outro dia vira Felismina toda vestida, de pixaim espichado, com o vestido de seda que eu havia lhe dado no outro Natal. Ia com a dona Francisquinha a um terço na igreja de São Miguel. Perguntou-me se eu não estava precisando de nada. E estava certo de que, se ela houvesse pressentido que a sua ausência me fazia falta, que a sua assistência me era indispensável, deixaria para outra vez o seu terço, porque em primeiro lugar estava o seu Lola. O seu Lola valia para ela mais que os santos do altar. De nada estava precisando. Felismina podia ir com dona Francisquinha assombrar todas as negras, vestida de seda como uma senhora de engenho. Tinha orgulho de ser assim, uma senhora, saindo com uma branca, como uma companheira, sem ser como escrava. Eu me deleitava com a vida que Felismina levava em Pureza. No princípio ela reclamara. Reclamar não seria bem o termo, estranhava o esquisito.

Agora, depois das amizades, vivia melhor que na Madalena. Luís também acompanhou naquele dia a madrinha, todo enfatiotado. Quando vi Felismina sair com o pessoal da estação, naquela tarde, fiquei a pensar. A gente de Antônio Cavalcanti andara nos braços de negros pelas estradas de Palmares. Negros carregaram os seus palanquins para as festas da matriz. Era assim que eu vira no álbum de gravuras antigas os brancos do tempo se servindo de seus semelhantes, como de tração animal. Felismina Augusta de Assunção metia-se no seu vestido de seda preta e ia, de igual para igual, com a dona Francisca Cavalcanti a um terço na igreja de São Miguel. Entrariam na igreja como se fossem duas irmãs de sangue.

8

O CEGO QUE PEDIA esmolas na estação era um artista. Tocava rabeca e aprendera com o gramofone da estação tudo que a máquina executava. Estava eu no alpendre quando ouvia, vindo da cozinha, um fio de voz triste, um gemido de cordas. Era seu Ladislau que tocava para Felismina e para Luís um número qualquer de seu repertório. E não havia jeito de querer continuar, quando sentia que eu estava perto ouvindo:

— Não toco nada não, seu doutor. É só para desparecer. O meu instrumento é pobre demais, seu doutor. Só serve mesmo para um infeliz como eu.

Depois que saía, ouvia do alpendre o cego fazendo gemer as cordas da rabeca. Tocava a valsa da *Viúva alegre*. Se aquilo era de tarde, dava para castigar um sentimental da minha espécie. Tocava também cantos de igreja, pedaços de missa.

Felismina depois me contou a história de Ladislau. Ele não nascera sem a luz dos olhos. Fora queimadura em menino. O pai dele era fogueteiro, e lá um dia a casa pegou fogo. Tiraram de dentro da casa Ladislau, que estava engatinhando, com o rosto que era uma chaga só. Apesar de cego, tinha se casado, mas fora infeliz. A mulher deixara o pobre com dois filhos pequenos e fora pelo mundo com um cassaco da estrada de ferro. Ele criara os meninos. Um entrara para a Marinha e já era coisa no Rio. Mandava de vez em quando uns cobres para o pai. O outro filho trabalhava no engenho Gameleira como maquinista. Ladislau não precisava pedir esmolas, mas se acostumara.

Felismina, quando via o cego sozinho, vindo de linha afora, ficava agoniada. Todos os dias, uns quinze minutos antes dos trens, lá vinha ele chegando pelo leito da linha, devagar, com o cacete na mão, os olhos dos outros sentidos bem abertos. Ele sabia que naquele momento podia passar. Só se fosse a gasolina, como chamava ali o automóvel de linha. A negra pedira para ele mudar de caminho. Mas Ladislau só sabia aquele mesmo.

A casa do cego ficava em terras do engenho Gameleira bem próximo da estação. Saindo um dia de linha afora, vi-o na porta de casa conversando com uma mulher mais velha que ele. A casa era igual àquela perto da mata, a mesma miséria coberta de palha. Parei para olhar. Não havia uma árvore por perto. Uns pés mesquinhos de pinhão-roxo rodeavam o casebre. Ladislau conversava com a velha. Seu Antônio me disse depois que era a amante do cego. Desde que a mulher se fora, variava de amantes. Ora com uma, ora com outra. Ele mesmo era quem as botava para fora, embora às vezes as mulheres fizessem questão de ficar. O seu coração não se entregava a nenhuma. O que ele queria era uma serviçal para bater a sua roupa, fazer as suas necessidades. Quando o filho mais moço se casou, quis levá-lo dali, mas Ladislau recusou-se. Viveria onde sempre vivera. E à noite ia para a beira do rio, pescar. Uma coisa estranha. O rio era fraco de águas, mais um riacho, sem profundidade, enroscando-se pelas pedras.

Uma vez, do meu quarto, vi uma luz pela beira do rio. Era Ladislau que, com a amásia, de lamparina na mão, andava atrás dos pitus. Só ele conhecia as tocas por onde se escondiam esses enormes camarões de patas como lagostins. Para o chalé ele trazia sempre esses presentes. Diziam que o cego mergulhava, metia as mãos nas locas, e quando voltava era com a presa segura. Havia quem dissesse que Ladislau não era cego de todo, que tinha um resto de luz nos olhos. Era que essa gente não atinava com o poder de que se serviam os outros sentidos para substituir a visão. Pela manhã e pela tarde, via-o chegando de linha afora, sem tropeçar nos dormentes, de passo certo, até a plataforma. Ficava no mesmo lugar de sempre, e quando trazia a rabeca, tirava as suas músicas sem que ninguém lhe pedisse. Outras vezes não trazia o instrumento. Esperava que o trem chegasse e, de portinhola em portinhola, saía pedindo. Quando trazia a rabeca, cantava uma cantilena que era a história de santo Antônio. Os passageiros deixavam cair os tostões no coité e, nos quinze minutos de parada, Ladislau não estancava o seu canto.

O chefe da estação me falou de algumas histórias que corriam a respeito do cego, dizendo-me que ele enterrava dinheiro. Davam-lhe toda a roupa do corpo. Todos os anos ia buscar, no Gameleira, as roupas velhas do coronel Joca. Via-se mesmo, na camisa que o cego trazia, a marca, em letras góticas, do senhor de engenho. Tudo que Ladislau pegava era para enterrar. Seu Antônio, sempre que se referia ao cego, censurava aquela vida. Mas o povo via nos cegos uma espécie de superioridade. Tinham perdido a luz dos olhos, não viam o mundo, não viam a cor do céu, as águas, os matos verdes. Ninguém podia negar uma esmola a um cego. Dar num cego era pior que bater em mãe.

Quando falei a Felismina na história do dinheiro enterrado, não deu fé nenhuma. Só podia ser maluquice de seu Antônio. Coitado de Ladislau! Deus lhe tirara o dom de ver. Era um infeliz. Qual! Seu Antônio inventava coisas.

    E Ladislau comia do melhor, dos meus pirões. Quase sempre tocava rabeca na cozinha e cantava para Felismina e para Luís as suas histórias em versos. A voz fina da rabeca chegava até mim, acompanhada pelo canto fanhoso do cego. Fazia-me mal aquilo, mas não me sentia com coragem de mandar parar. Felismina e Luís estariam cheios de unção, ouvindo. Para os dois, Ladislau trazia uma mensagem, comunicava-lhes uma satisfação que me escapava. Deixava-os assim com o seu artista e saía de casa pelo leito da linha. E de linha afora ia andando. Quando o sol não queimava muito chegava até o pontilhão das Marrecas. Atravessava uma, duas, três vezes por cima dos dormentes, vendo lá embaixo o rio correndo. A princípio tinha medo, mas aos poucos fui criando coragem e afinal fazia aquilo como qualquer cassaco. Pela margem da estrada ficavam as casas dos cassacos, dos homens que trabalhavam na conservação das linhas. Não sei como lhes arranjaram esse nome. Nunca me explicaram a origem e a significação. Ganhavam mais que os trabalhadores de engenho e viviam de trole, com o cabo dando conta dos quilômetros a cargo deles. Moravam em casas como a de Ladislau, casas tristes, nuas, sem uma árvore, quando muito rodeadas de pinhão-roxo. Consideravam-se homens livres. Em cima deles não viviam os feitores de engenho, e falavam mesmo de cabras de bagaceira com desprezo. Via os filhos deles pela estação, cobertos da mesma miséria dos outros meninos que encontrava lá pelos altos, na mata. Quando os via, chamava um deles para me acompanhar, mas ficavam de longe, de olhos compridos, sem me darem ouvidos. Pareciam bichos.

Felismina um dia me pediu dez mil-réis para ajudar a mulher de um cassaco que tivera um parto duplo. Na casa do pobre não havia um pano para embrulhar o outro filho que sobrara. Foram-se as minhas camisas mais velhas.

Por estas coisas o chalé ia criando nome, ficando querido na redondeza. E lá um dia me chegou o coronel Joca, antes da partida do trem. Ficou comigo no alpendre e depois de muita conversa falou com franqueza:

— É muito bonito tudo que o senhor está fazendo. Mas vicia o povo. O senhor não sabe o que é essa gente. Já andam até dizendo que o senhor vai comprar terras por aqui. E falam em deixar os engenhos, para ficarem com o senhor. Isto é uma canalha que o doutor não pode avaliar. O senhor me dirá depois. A gente faz o benefício e é mesmo que não fazer.

Expliquei ao coronel que nada tinha feito demais. Dava comida a um cego, dava uns tostões aos pobres. Nada fazia demais.

— Pois, doutor, me contaram até que o senhor andou vendo umas casas de moradores lá pelos altos. Isto aqui é assim mesmo. Olhe, o Lula Maranhão mandou fazer casas de tijolo para morador, e quando os cabras deixaram as casas tinham queimado as portas para cozinhar feijão, com paus pelas capoeiras que faz gosto. Esta gente só presta mesmo no cabo do relho.

A campainha da estação tocava sinal de partida, e o coronel Joca, de guarda-pó de palha de seda e anel de brilhante no dedo, despedia-se de mim com um bom sorriso na cara vermelha. Ladislau já estava de pé no seu lugar, esperando os carros de primeira para pedir as suas esmolas. Naquele dia estava sem a rabeca. Alto, espigado, de cara para cima, como se procurasse a luz do sol. O coronel Joca botou um tostão na coité, e sem dúvida que Ladislau lhe desejava muitos anos de vida. O trem apitava. O agulheiro botava a bandeira azul. E Pureza quebrava o seu silêncio por quinze minutos. Saltava gente na estação. Dona Francisquinha fazia café para vender, e tudo mudava em Pureza. Era agora outro lugar. A máquina chiava tomando água, um rebuliço de gente, muita fala. Com pouco mais ouvia-se o sinal de partida dado pelo chefe, de boné com letras douradas, depois o apito fino do condutor, o apito grosso da máquina, e o horário partia. Tudo ficava outra vez no silêncio do ermo. Apenas o cheiro de carvão de pedra demoraria a desaparecer, ficava por cima dos eucaliptos, mas aos poucos se sumia, fugia. E Pureza era outra vez a mesma, com as cigarras chiando, os pássaros cantando, o burro lá embaixo puxando água e o rio roncando nas pedras. A grande e boa tristeza das tardes vinha chegando. Ladislau ficava na cozinha conversando com Felismina, contando histórias que regalavam o moleque Luís. Quase sempre o gramofone da estação iniciava o concerto depois da partida do trem das duas. As duas filhas do chefe tinham se mostrado em trajo de passeio aos passageiros do trem. E uma como que saudade do mundo fazia com que elas fossem para a música como para um abrigo. Era nessas ocasiões que eu mais gostava de Pureza. Aí tudo era como se fosse feito para mim, toda a natureza trabalhava para mim: o crepúsculo, o cheiro dos eucaliptos, a cantoria das cigarras, as cores do céu, a tristeza da tarde.

 Eu levava uma vida de ocioso. Nem as boas leituras me interessavam. Lia pouco. E se não fossem os passeios pela manhã e pela tarde, talvez aquela vida já me tivesse perturbado pela monotonia. Andava muito a pé, chegando em casa cansado. O banho de chuveiro dava-me um grande prazer ao corpo. Comia bem, e o medo da tuberculose não me alarmava com tanta persistência. De quando em quando, chegavam-me as insônias. Eu sentia o perigo, adivinhava quando o monstro me tirava para martirizar. Era uma coisa insignificante que chegava, um pensamento à toa. E aquilo ia crescendo. O ponto pequeno, a mancha distante ia se avolumando, tomava todo o meu pensamento, enchia-me, derramava-se por todo o sistema nervoso. Eu não pregava olhos. A cama ficava-me um ninho de cobras. Levantava-me. E quando era noite de luar, via Pureza envolvida de um manto alvo, os eucaliptos suspirando ao sopro do vento. O rio gemia lá embaixo. Até o ressonar de Felismina percebia-se nitidamente. Com pouco ela acordava e vinha me ver, oferecendo-me um chá. Eu fazia o possível para não perturbar a tranquilidade da boa negra. Então espichava-me na cama, fazendo um esforço sobre-humano para dominar a sofreguidão. E imóvel, virando para um canto, sentia que o sono vinha aparecendo. As coisas começavam a existir num e noutro plano, a realidade começava a misturar-se de irreal e aos poucos dormia. Não sabia explicar essas insônias. Elas chegavam sem motivo aparente. Talvez qualquer emoção houvesse deixado descoberto um ponto de minha sensibilidade. Mas as manhãs claras, o sol bem novo das manhãs de Pureza, subindo pelos altos, cercando as árvores cobertas de névoa, me curavam dessas horas horríveis. Lá de cima de meu chalé, eu via o dia começando na casa do chefe. Dona Francisquinha era quem primeiro aparecia para lavar o rosto no quintal. Depois era seu Antônio com o copo na mão, lavando a boca, como se fizesse gargarejo. Por fim as meninas desgrenhadas, de cara machucada pelo sono. Olhava para tudo isso, e se me surpreendessem, seria para mim uma coisa desagradável. Felismina me chamava para o café, e o dia de Pureza corria como todos os dias.

9

UMA MANHÃ LUÍS ENTROU de portas adentro, botando a alma pela boca. Vinha correndo de um perigo iminente. E quando me viu, abraçou-me num choro, agarrou-se comigo.

— Bom dia, seu doutor – me disse um homem. — Estou aqui a mandado do coronel Zé Joaquim. É que este negrinho fugiu do engenho dele há bem uns seis meses e agora o coronel soube que ele estava aqui e me mandou para levar ele.

À primeira vista fiquei perturbado com a presença do homem, um cabra de chapéu na mão e com o facão comprido dependurado na cintura. Aos poucos, porém, fui encontrando calma para falar. Perguntei-lhe logo se Luís tinha pai e mãe vivos por lá. O homem me informou que não:

— Mas é mesmo que ter, seu doutor. O menino é cria da casa. Desde pequenino que ele vive pela cozinha do engenho. É coisa da casa.

— Pois diga ao coronel – respondi-lhe, fingindo uma calma que não era minha — que o menino só sai daqui com ordem do juiz. É um menor e não pode ficar assim à vontade de quem queira mandar nele.

Aí Felismina foi se chegando, e a revolta da negra não se conteve:

— Tempo de cativeiro já passou – dizia ela. — Negro não se caça mais como bicho. O bichinho está aqui muito bem tratado de seu. Não sai daqui não.

— Estou cumprindo ordem, dona – respondeu o homem. — O coronel mandou buscar o negrinho, mas o doutor me diz que não entrega. Está direito. Dou o recado ao homem.

Luís, por detrás de mim, estava numa aflição desesperada, e só depois que o homem saiu é que se aquietou mais.

Dona Francisquinha veio conversar com Felismina sobre o caso, achava o maior dos absurdos. E sua filha Margarida viera com ela também. Eu ouvia da sala a conversa. E Luís sentado ao batente do alpendre, estava de vista baixa, murcho. Lembrei-me de um cachorro de estimação quando vi o negrinho assim. Era uma comparação ultrajante para a espécie humana. Mas não sei por que, a postura do negrinho tinha qualquer coisa de puramente animal, de humildade de cão de fila. Para o coronel Zé Joaquim ele não era mais que aquilo. E, num instante, senti-me autor de uma obra. Salvara Luís da miséria da bagaceira. Teria que sustentá-lo, teria que lutar por ele. Era capaz de um ato nobre. Via-me assim muito orgulhoso de mim mesmo e surpreendi-me com a vaidade ardendo. O que eu tinha feito era da obrigação de qualquer pessoa provida do mais comum sentimento de humanidade. Para que então todo aquele sentimento de orgulho?

Luís parecia que tinha atravessado um perigo de vida. Um trem de carga chegara na estação, e ele nem levantara os olhos para ver. Na sala de copa Felismina conversava com as visitas. Elas tinham vindo trazer solidariedade. A negra ainda estava excitada. Dona Francisquinha achava aquilo uma miséria. A filha, loura, acompanhava a mãe na reprovação. E era dona Francisquinha para lá e dona Francisquinha para cá. Depois que elas saíram, a negra chegou-se para mim, com a fala trêmula:

— Seu Lola, não deixe levarem o bichinho.

Uma violenta vontade de chorar me atacou. Reagi. E, senhor de mim mesmo, como se fosse o homem mais sereno do mundo, garanti a Felismina que Luís não sairia da minha casa. Levaria o menino para o Recife. Ninguém tocaria no negrinho. Então Felismina levantou a cauda da saia para enxugar as lágrimas e saiu para a cozinha com aquela alegria no coração.

Desde aquele dia não houve quem fizesse Luís sair de casa para ir à povoação ou à mata buscar água. Era um negro desesperado. Nunca vira uma criatura com um pavor igual. Ele teria uns 14 anos, era crescido, vivo, inteligente. Dona Francisquinha já lhe ensinara soletração, e num instante ele aprendera a assinar o nome. Chamava-se Luís Vieira do Carmo. O Vieira era meu. Felismina achava que ele devia tomar o nome do padrinho de Crisma. Desde, porém, aquele dia, o pobre ficara triste para um canto. Ouvia Felismina brigando com ele:

— Tu estás por aí enfurnado, menino. Não viste o doutor tomar a tua defesa? Vai brincar.

Mas nada. Luís não deixava a casa. Quando muito, na hora do trem, ia ver os horários. E de lá voltava com o cego Ladislau. A rabeca gemia na cozinha, a cantilena era a mesma mágoa, a mesma dor se perdendo, se abrindo. Às vezes ouvia Felismina dizer mais alto que a música:

— Pare, seu Ladislau, hoje estou me consumindo com isso.

O cego parava, mas a conversa ia até tarde. Luís não saía do rabo da saia da negra, amofinado. Fiquei com receio de que ele viesse a adoecer. Tinha as minhas leituras de moléstias nervosas e sabia o que era um fato daqueles para estragar uma vida para sempre. E, pensando nisso, comecei a fazer o possível para distrair o moleque. Chamava-o para junto de mim e fingia interesse pelas coisas de fora, perguntava pela vida do agulheiro Francisco, pelas filhas do chefe. Luís respondia a tudo, me informava de tudo. Dava-lhe revistas que recebia com gravuras da guerra, retratos de generais alemães e soldados franceses, fotografias de navios. O moleque ficava de beiço caído, olhando para tudo. Mas saía de junto de mim e ia para perto de Felismina. Eu sabia da admiração que ele tinha pela profissão de agulheiro. Para ele a coisa maior do mundo seria baixar o poste e apresentar a bandeira para os trens.

E, de acordo com o chefe, pedi ao agulheiro para levar Luís com ele. Seu Antônio mesmo lhe disse:

— Olhe, seu Luís, o senhor será o substituto do Francisco.

Tudo, porém, era inútil. Uma força maior destruíra a alegria do pobre Luís. Saía com ele nos meus passeios da mata. E, mesmo ao meu lado, eu via como ele se chegava para perto de mim, quando avistávamos um sujeito qualquer na estrada. Um portador do coronel Zé Joaquim existia em qualquer pessoa que aparecia de longe. Aquilo só poderia ser uma doença grave. Luís não confiava em mim. Ele se criara com a força do coronel. Maior que todas as outras. Com um grito que movia todo o engenho. Ninguém seria maior que o coronel Zé Joaquim. Por isso talvez não confiasse em mim. Ele me via mandando somente numa negra velha. Mandando não seria bem o termo, quase que mandado por Felismina. O que valeria a minha força ao lado da força do coronel? Daí a sua insegurança, o seu pavor de todos os momentos. Felismina lhe seria um bem de mãe. Fora a única ternura que sentira até aquele dia. Nada disto devia valer para Luís. Um grito do coronel derrubaria tudo, a mim, a Felismina, ao chalé inteiro. Não confiava, não pisava em terra firme. Com pouco mais o homem com o facão dependurado chegava com outros homens na porta do chalé, e ele deixaria tudo para sempre.

10

Agora, com as primeiras chuvas, todos os arredores de Pureza reverdeciam. Vira o céu escurecer, nuvens carregadas dias inteiros para os preparativos das primeiras águas, que caíram pesadas. Depois o tempo levantou e o sol brilhou outra vez. Mas tudo ficara mais bonito. No próprio leito da linha nasceram babugens, e as poucas flores silvestres que se encontravam por ali se abriam. Fora um toque de mágico que acordara todas as energias da terra. O caminho que me levava para a mata estava todo coberto de um matinho miúdo, que só botava mesmo a cabeça de fora para morrer em pouco tempo. Mas as folhas das canafístulas, dos eucaliptos, tinham mudado de cor para um verde mais lavado. Bem junto da estação havia um pé de jasmim-vapor com as suas flores abertas, de um vermelho de veludo claro. Estávamos em dezembro. Pela estação de Pureza passavam trens de carga carregados de algodão e açúcar. Felismina preocupava-se cada vez mais com a tristeza de Luís. Mas a amizade com o pessoal da estação ia se estreitando. Via não só dona Francisquinha dentro de casa, como as filhas também. A de cabelos louros, que era bem bonita, chamava-se Margarida e gostava de vir falar comigo, pedir revistas emprestadas. Nem tinha reparado, Margarida era de fato muito bonita.

 Fazia mais de três meses que me achava em Pureza, e aquilo me parecia um tempo enorme. É que mudara de vida, crescera de força, não existia aquela fragilidade de antigamente.

 Depois das chuvas, os paus-d'arco ainda se enfeitaram cada vez mais. Fazia gosto vê-los do meu chalé, como soberanos que tivessem a vassalagem das outras árvores. Sem dúvida que havia outras mais altas, paus linheiros mais grossos, mas nenhuma com aquela soberba dos paus-d'arco embandeirados, como mastro de navio em dia de festa. A minha solidão no chalé se divertia em olhar a natureza mais de perto. Reparava no canto das cigarras. Descobrira que havia umas mais saudosas, de vozes mais ternas, mais doces. E as que gritavam como se estivessem em desespero de vida. Gastava horas ouvindo-as, marcando sem saber o tempo que uma levava com o canto para passá-lo a outra, que tomava o lugar. Sucediam-se. A solidão do chalé era às vezes para mim de uma paz absoluta. Sobretudo quando, por um poder estranho, eu me via fora do mundo, um homem só no mundo. Aquilo era por uns segundos somente. Logo me chegava a memória para agir, os sentidos para me ligarem com a vida. Não escrevia a ninguém. Nem ao administrador mandava ordens de espécie alguma. Pela primeira vez ia me sentindo capaz de viver pelas minhas próprias forças. Sentia-me em cima da terra, não era uma sombra, um resto de família que ficava no mundo para ser devorado pelos germes que eram como patrimônio da casa. Aos poucos Pureza me havia ligado à terra. Luís, Felismina, seu Antônio, o agulheiro, o engenho Juçara, o engenho Gameleira, o cego Ladislau, as casas do alto, os paus-d'arco, os verdes das árvores, a cantoria das cigarras eram como grandes descobertas. Quando me pegava com pensamentos ruins, virava a cabeça para outro lado. Tudo agora eu fazia em relação a outra coisa fora de mim. Tudo devia ser comparado, medido, avaliado. Isto muitas vezes me desesperava. Antigamente este desespero ainda era pior, porque o mundo de fora era sempre um peso nas minhas costas. Analisava-me com pungente e constante sentimento de inferioridade. Encontrava um velho na rua e logo imaginava o que eu seria se chegasse àquela idade. Teria coragem de sair de casa, de reagir contra a velhice? Imediatamente aparecia a fraqueza: não chegaria a ficar velho. O futuro era para mim reduzido a um condicional. Se eu chegasse... Chegaria talvez... Em Pureza só nas noites de insônia a minha debilidade aparecia. Nesses primeiros dias de dezembro, com as chuvas, com o céu turvo, a atmosfera pesada, os nervos se excitavam, se descobriam. Os dentistas falam de nervo exposto. Esta expressão para mim tinha uma exatidão absoluta. Eu vivia com todos os meus expostos, capazes de sofrer com a menor variação de humor. Então, nas noites em claro, eles se expunham a tudo. O tique-taque de um relógio era o bastante para me atormentar. A minha vida ficava dependendo daquela insignificância. E assim para as mínimas coisas. No outro dia, quando saía da insônia, quando via Pureza banhada de luz, o sol pelos altos, os paus-d'arco, a imensa alegria da manhã, me parecia que todos os terrores da noite passada haviam asfixiado outro homem. Não podia conceber que poucas horas antes estava ali em cima da cama, com a cabeça entulhada de pensamentos ruins, o corpo à vontade de uma trama sinistra, um pobre jogo de uma meia dúzia de obsessões. Era preciso intervir, me dissera um médico uma vez:

— O senhor é um espectador. É o seu mal. Intervenha, seja alguma coisa, mesmo um comparsa. Entre na vida.

E sem querer eu estava intervindo. O caso de Luís me dera a oportunidade de assumir responsabilidade. Opusera-me ao cabra do coronel Zé Joaquim, afirmava Felismina, tomara o compromisso comigo mesmo de fazer tudo pelo moleque. E faria. Andava ele agora lendo as lições na carta de á-bê-cê que dona Francisquinha lhe passara. Ficava de cabeça baixa, estudando. Queria aprender a ler, saber das coisas.

Felismina, depois da história, ficara mais cheia de dengues com o moleque. Quando chegasse no Recife, botaria Luís no Liceu de Artes e Ofícios. Doutor não queria que ele fosse. Para que negro doutor? Ela via como os brancos debochavam daquele negro que andava de fraque no Recife e era deputado. Luís iria para o Liceu de Artes e Ofícios. Um mestre marceneiro, um pintor de qualidade faziam a vida muito bem.

Queria me contaminar desse entusiasmo da negra. Seria ótimo para mim criar por um ser humano essa ternura, essa dedicação que fazia Felismina vibrar daquele jeito. Fora e era assim comigo. Uma mãe com um instinto materno de muitas mães reunidas.

A minha casa em Pureza era agora um centro. Havia sempre gente pela cozinha em conversa. Ladislau era de todos os dias. Dona Francisquinha e as filhas não deixavam um dia de aparecer. Sobretudo a mais loura, sempre risonha, sempre me pedindo revistas ilustradas. Às vezes eu estava na sala de jantar e ela entrava para me dar bom-dia e ia ficando. Sentava-se numa cadeira de balanço e conversava um instante. Era uma beleza. Ainda não havia falado de mulher em toda essa história, que vou contando de minha vida. Não é por vontade não. Muita vontade eu teria de falar de mulheres, mas pouco tenho delas comigo. Mais um sinal de minha fraqueza. Via os colegas com as suas namoradas, outros pelas casas suspeitas. Ouvia as conversas, os comentários. E (para que esconder por mais tempo?) eu não tinha a coragem que os outros tinham. Preciso ser sincero, ter a máxima sinceridade no que estou escrevendo. Ter a coragem de descobrir. Tudo isto provinha de um horrível fracasso dos meus 16 anos. Levava uma vida de menino recluso na Madalena, fora inteiramente do contato libertino com os outros meninos. E me sucedera aquele fracasso aos 16 anos. Ficara assim marcado, meio imprestável. Não era que faltasse qualquer coisa, que fosse um deformado pela natureza. Nada disso. Sentia-me sempre válido para o amor, mas a aproximação duma mulher no momento preciso apavorava-me. Todo o meu corpo se retraía e fugia de mim uma coisa essencial, falhava, cobria-me de vergonha. Entre os colegas da escola superior chegara a circular a fama triste. Eu era um inválido. Nunca haviam me visto pelas pensões, pelas ruas suspeitas. Nem gosto de falar nisto, mesmo escrevendo eu me vejo na presença de todo o mundo, com as minhas deficiências à vista de toda a gente. Uma vez procurei um médico. Precisava confessar a minha fraqueza. Contei voltas, até que cheguei ao fato. Disse-me o médico, depois dos exames, que tudo não passava de um puro fenômeno de inibição nervosa. Passaria com o tempo. A própria natureza me daria meios de me libertar daquilo. O fato é que nunca tivera uma namorada, e no entanto desejava o amor. Queria amar, sentia falta do amor, como de um órgão essencial. Muitas das minhas misérias viriam dali. Eu era por conseguinte um ser incompleto. E nem ao menos me compensava por outros meios. Não acreditava em Deus, não era um artista, não encontrava saída para os meus impulsos e desejos. Prisioneiro de nervos implacáveis. Estou escrevendo esta história, e assim vou me sentindo mais livre. Talvez se eu viesse a deixar todo o mundo a par do meu aleijão eu me curasse dele. Aquela vida de Pureza me conduziria a uma solução. Tudo que era fraco em mim tinha origem naquilo. Se não fosse a guerra, talvez que me arrojasse a ir à Europa ouvir os grandes especialistas. Aos 24 anos, como um menino de 13. Agora os meus sonhos se povoavam das mulheres mais belas. Vivia numa bacanal, beijava criaturas admiráveis. Lembro-me bem de Carmen, uma vizinha da Madalena, de quem tinha medo desde menino. Ela queria se casar comigo e até uma carta mandara por intermédio de Felismina. Era linda. Ficava no jardim de sua casa esperando que eu saísse. Cheguei até a falar com ela, mas veio-me um medo inexplicável da moça. De noite sonhava com Carmen na maior intimidade. Depois ela se fora. Casara-se. Mas a Carmen dos meus sonhos era a mesma. A linda Carmen que eu via no jardim, que me procurava com os olhos, que me queria para ela. Só em pensar nisso eu me arrepio. Perdera uma mulher admirável, que hoje estava com outro. A princípio Felismina me alcovitava, dando-me recados de moças. No portão de minha casa da Madalena paravam elas para conversar com a negra, que lhes enchia as mãos de rosas. Felismina tinha importância enorme para as moças. Eu era um rapaz rico, bem-parecido, um grande partido. Depois a negra me deixou de mão, não me trouxe mais recados, não me falou mais de mulheres nem de casamentos. Sempre que se casava um conhecido de minha família, lá me vinha ela com a notícia: fulano casou, sicrano contratou casamento. De tempos para cá a boa negra não me tocava nesses assuntos. Talvez tivesse adivinhado, descoberto que o seu Lola era um imprestável, uma pobre figura humana, diferente de todo o mundo.

Aqui em Pureza a vida era bem outra. Penso que se falasse a Felismina para ela ficar toda a vida por aqui, ela aceitaria de bom grado.

Margarida vinha ao alpendre, onde eu estava deitado na rede, me pedir revistas. E sem que eu lhe dissesse nada, ficava na espreguiçadeira falando comigo, nem sei mesmo de quê. Reparava nela e via que a filha de Antônio Cavalcanti era bonita de fato. Devia andar pelos seus vinte e poucos anos, e aqueles cabelos louros em cacho lhe davam uma aparência de menina. Os olhos azuis, de uma claridade de porcelana, e as pernas que eu via na rede, mostravam uma carne de encher a vista. Numa das ocasiões que Margarida se fora, Felismina viera falar comigo sobre a vida da gente da estação. Um povo infeliz. As duas meninas sem casamento, dona Francisquinha se matando no trabalho e o marido ganhando 120 mil-réis por mês. Depois caiu no seu assunto preferido, falou de Luís. Estava com medo. O negrinho não comia, com uma tristeza que não tinha fim. Consolei a negra. Com pouco mais Luís estaria o mesmo. Aquilo era só de dias. De uma hora para outra seria o mesmo Luís, vivo, saltando por ali afora. Felismina porém parecia não acreditar muito no que eu lhe dizia. E saiu para a cozinha, onde já estava o cego Ladislau.

Com pouco mais ouvi a voz dele no canto. A rabeca chorando miúdo, um gemido de peito fraco. Era a história de sempre, toda em verso. A voz fanhosa de Ladislau pouco dava para se ouvir à distância em que eu estava. Mas, acertando bem o ouvido, percebi o enredo da coisa. O santo estava bem longe. A mil léguas do pai que ia morrer, acusado de um crime horroroso. Os sinos já tocavam sinal, e ele ia pela rua com a corda no pescoço, caminhando para a forca:

> — *Chegando a certa paragem*
> *Ao encontro sai o frade*
> *Com toda a civilidade.*

O frade, que era santo Antônio, falou para o povo:

> *— Justiça eu te requeiro*
> *Pelo reto juiz do céu*
> *Que soltes este inocente*
> *Que nunca foi, nem é réu.*

Depois o santo procura o defunto e grita para ele:

> *— Levanta-te, homem morto,*
> *Pelo Deus que te criou.*
> *Anda, jura, jura a verdade*
> *Se este homem te matou.*

A rabeca aí dava uma volta dolorosa. Ladislau fazia a voz mais fanhosa e falava pelo defunto:

> *— Este homem é inocente*
> *E nunca ninguém matou.*
> *Antes me dava conselhos*
> *Pelo Pai que me criou.*

No fim o pai de santo Antônio caía nos braços do filho:

> *— Que virtudes são as minhas,*
> *Que merecimentos os meus,*

*De chegar a ver meu filho
Com os poderes de Deus.*

De tanto ouvir aquela história, já sabia de cor pedaços dos versos de Ladislau. Levantei-me da rede. Lá por fora a vida era aquela grandeza de sempre. Mataria verde, a terra umedecida pelas chuvas, em pleno vigor de sua força. O sol dando alegria a tudo. Uma manhã para curar tudo o que era tristeza e melancolia. Na estação já havia gente esperando o trem das nove. O agulheiro passara com as bandeirinhas para o sinal, e Antônio Cavalcanti estava de boné com as letras douradas G.W.B.R. Com pouco, um apito de longe. O trem vinha na curva do Arruda. Se Luís estivesse ali comigo me diria o nome do maquinista. Cada um tinha o seu jeito, o seu tique no apito. E o trem foi chegando. E Pureza se enchia dos seus quinze minutos de agitação. Dona Francisquinha, no tabuleiro, vendia a sua xícara de café. A rabeca de Ladislau gemia para os passageiros. Saltava gente. Uns olhavam para as terras, outros se viravam para o chalé. A máquina voltava da caixa-d'água, e partia o trem de Pureza. Dona Francisquinha recolhia o tabuleiro, o marido tirava o boné, o cheiro de carvão de pedra ficava perfumando por algum tempo o ar, as duas moças ficavam pensando no trem das duas horas, e outra vez Pureza entregue a si mesma, no seu silêncio, às suas cigarras, aos seus passarinhos.

11

MARGARIDA DERA PARA VIVER dentro de minha casa, com uma insistência que me deixava um tanto desconfiado. De manhã, quando eu descia para o café, já ouvia a sua voz doce, na conversa com Felismina. E, sobre qualquer pretexto, vinha me falar na sala de jantar. Seria que ela estivesse de plano feito para me segurar? A minha vida ali em Pureza ia andando tão mansa, que só em pensar em uma complicação de mulher, me deixara uma manhã apreensivo. Saí para os meus passeios. A casa do alto lá estava com o seu pé de juá verde, batida de sol, com os seus miseráveis habitantes no mesmo estado de vida. Quis naquela manhã me interessar por eles, mas Margarida não me saía da cabeça. Entrei pela mata, fui andando pela vereda, que quando dei por mim, tinha penetrado até onde nunca estivera. Fazia frio lá dentro. E o silêncio só era mesmo quebrado pelo canto compassado de uma rola-cascavel. Não sabia por que não cantavam ali dentro os pássaros que trinavam pelos eucaliptos do chalé. Mais adiante vi um clarão intenso dentro da mata. O sol caía de cheio no meio da mata sombria. Era que haviam botado abaixo um pau linheiro. Aquele clarão parecia-me de um claustro de convento. A terra estava seca, e viam-se as raspas de madeira que os carapinas tinham deixado. A vida do homem estava ali dentro. Margarida estaria querendo qualquer coisa de mim? Eu andando, andando, e nada de minha cabeça esquecer a mulher de pernas e de carnes tão bonitas. Quem sabe se com ela eu não me libertaria da minha fraqueza?

Quando voltei para casa, o trem das nove já havia passado. Felismina estava ansiosa para que eu chegasse. Ninguém sabia do paradeiro de Luís. A negra velha se aperreava com a ausência do negrinho, e só a vi descansada quando Luís apareceu. Tinha ido à rua com o agulheiro. Via a alegria de Felismina estampada no rosto. Mais tarde, porém, viria a ter um grande aborrecimento. Estava descansando do almoço, quando me bateram na porta. Fui ver quem era e mandei que entrasse. Era o coronel Joca do Gameleira, que me aparecia no chalé, fora do horário dos trens. Só podia ser para uma visita especial. Achava o coronel um homem simpático, de conversação fácil, comentando as coisas com um certo humor. Naquele dia, porém, ele me vinha falar de um caso particular. Fora que o seu amigo José Joaquim do Juçara pedira a ele para resolver uma questão. E esta questão se relacionava comigo.

— É que o doutor mandou ao Zé Joaquim um recado que aborreceu o velho. Eu sei que o caso não teria importância nenhuma, se não fosse o gênio do meu compadre. É um Joaquim-compra-briga. Nunca por essas redondezas deixou de ter uma questão de terras. O negócio com o senhor é por causa desse molequinho que fugiu do engenho dele e se acoitou aqui. Isto não tem a menor importância, o molequinho é livre, não tem pai, não tem mãe, pode muito bem ir para onde quiser. Mas o senhor sabe, por aqui a coisa é diferente. Se os cabras descobrem que o senhor de engenho não pode nem aguentar mais um negro de estrebaria, tomam os freios nos dentes, e não há quem possa mandar nessa cabroeira.

Expliquei ao coronel Joca a história de Luís. O moleque já estava na estação quando eu chegara em Pureza. Agora o pobre criara amizade a minha casa, a minha empregada tratava do menino como filho.

Para o coronel Joca aquilo não tinha importância nenhuma, mas era que o negócio era com o compadre Zé Joaquim:

— O velho é bom, é um correligionário que não me dá trabalho. No dia das eleições está ele sempre com o seu pessoal firme. E é um homem de bem, muito bom pagador. Foi amigo do meu pai e continua a me acompanhar na política da mesma forma. O senhor não pode avaliar como este velho se apaixona pelas brigas, pelas questões de terra. Levou a vida na Justiça, brigando com esse doutor Veloso, aqui de perto, por causa de uma cerca de arame. Aquilo é da natureza do velho. Ontem de manhã, ele me chegou no engenho acompanhado de dois filhos, para se aconselhar comigo, dizendo-me que tinha sofrido uma desfeita, que era um homem sem respeito para o povo. E me contou a história. Tirei da cabeça do velho aquela ideia. Não havia desfeita nenhuma, expliquei que o senhor era um moço de fora, acostumado a viver com outra gente. Só não mandara o negro porque a lei dava razão ao senhor. O velho porém não se conformou. Estava desfeiteado, um portador dele fora maltratado pelo senhor.

E a lenga-lenga não terminava mais. Fiquei aterrado com a conversa do coronel Joca. Dei-lhe todas as informações. Nada dissera ao portador que pudesse melindrar ninguém. Apenas não entregara o moleque. E seria um absurdo se o fizesse. Então não havia justiça por ali? O coronel deixou que eu falasse à vontade, me dando toda a razão. Não havia quem, conversando comigo, não me desse toda a razão. O diabo era o gênio do velho. Fora por isto que ele viera me procurar. Sabia que eu era um moço de bem, e para que procurar incompatibilidade? Eu estava ali passando o tempo, tomando ares, e não valia a pena arranjar brigas com um matuto do calibre de José Joaquim. E o coronel Joca pediu-me para entregar o Luís. Nisto vi Felismina que entrava. A negra de beiço branco. Os lábios tremiam e ela mal podia articular uma palavra:

— Seu Lola – me disse ela —, não dê o negrinho.

Vi a negra quase cair com um ataque, ali na frente do coronel. Encontrei uma calma que não sabia como me aparecera. Levantei-me, sentei Felismina na cadeira. E, com espanto do coronel Joca, entrei a falar alto. Nem sei explicar a coisa. A calma, a serenidade se foram. Ninguém levaria o moleque dali. O interessante era que eu sabia que estava fora de mim, que aquilo não correspondia às minhas forças. Aí o coronel se levantou e veio para mim. Eu sentia que ele procurava me acalmar. Não havia motivo para aquilo tudo. Viera somente interceder como amigo, tudo se arranjaria da melhor forma. Eu só sabia dizer, firme, inalterável: "O negro não sai da minha casa". Vi gente pelo alpendre, olhando. Vi Margarida com os cabelos louros, ao lado de Felismina, e o moleque Luís chorando.

Depois que o coronel Joca saiu, voltei ao meu natural. E as minhas faculdades de análise entraram a trabalhar com afinco. Rompera com o feudalismo. Entrara em guerra com os senhores, para defender os pequenos. O gesto era bonito. Mas que viria de tudo aquilo? Estava maquinando na coisa, quando me chegou o chefe da estação, que vinha conversar comigo como amigo. Todos em Pureza gostavam de mim. Eu era um rapaz dado. Mas ele me oferecia um conselho. Não me metesse com aquela fera que era o coronel Zé Joaquim. Era uma cobra. Perguntasse ao doutor Veloso o que vinha sofrendo dele:

— Eu, se fosse o senhor, entregava o moleque.

Depois que o neto de senhor de engenho saiu, Felismina veio me falar mais calma, mais senhora de si. O melhor era mandar o moleque para fora, para o Recife. Por ali todo o mundo lhe dizia que era tolice fazer questão por causa dum moleque. Havia tantos, que era um despropósito estar se consumindo por causa de Luís. Confessava-me que tinha por ele um cuidado exagerado. Mas o que podia fazer? Era a força do seu coração.

Felismina voltara para a cozinha, e no grande silêncio de Pureza voltei a analisar tudo. O caso, em duas palavras, era o seguinte: um bravo estava disposto a se haver comigo. Um sujeito que conhecia a todos eles me viera prevenir. Sobre o chefe Antônio Cavalcanti pesava a carga desses abusos de autoridade. Via como os carreiros do Gameleira e do Juçara gritavam na estação. E eu, sem auxílio de pessoa nenhuma, só, contando apenas com a solidariedade de uma velha, me rebelara para salvar um pobre negro. Só, ali comigo mesmo, todo o perigo da situação me chegara. Um doutor Veloso, dono também de terras e de homens, por causa duma cerca de arame vinha aguentando o diabo do coronel. Há mais de vinte anos que lutavam. O doutor Veloso se defendendo. O coronel agredindo. Eu viera a Pureza atrás de ares. Para suprir as deficiências de um físico avariado de heranças ruins. A terra de fato havia me dado tudo. O máximo de sua liberalidade. Estava forte, com outras maneiras de vida, tomando e sentindo interesse pelos outros.

    De onde estava, ouvia o cego Ladislau na conversa. Luís era mais alguma coisa que um criado, me via metido no destino daquele negrinho. Poderia fazer por ele muita coisa. A história de Antônio Cavalcanti era um depoimento triste que desafiava um romancista. Pensara no inglês para exprimir a decadência de um Zé Joaquim de Palmares. Pureza me ligara com a vida dos outros, esta é que era a verdade. Antigamente quando eu olhava para os outros, olhava como se fosse para outra espécie. Aqui em Pureza poderia melhorar toda a minha fraqueza, toda a mesquinhez de meu caráter. Fora-se embora o coronel Joca do Gameleira, levando para o amigo a minha resposta. Felismina tranquila confiava no seu Lola. Seu Antônio me dera um conselho de amigo, metendo-me medo. E no entanto qualquer coisa havia de novo em mim. Era uma descoberta que eu fazia sem querer e com júbilo. Estava contente. O mormaço de dezembro chegava até a rede onde eu descansava. Era gostoso sentir o vento que vinha dos eucaliptos, a viração que me envolvia com a sua brandura de amante carinhosa. Dava vontade de ficar ali o resto da vida, e que o tempo corresse por este mundo afora, que os homens se fossem com os seus dramas, suas guerras, seus crimes, suas ambições. E dentro da rede gozava a tarde claríssima de Pureza, com o rumor do rio lá embaixo, com o canto das cigarras e a algazarra dos pássaros. Não tinha nenhum medo do coronel José Joaquim. Depois ouvi a voz de Felismina que me chamava não sei para quê. E o apito do trem quebrava a paz da estação. Seria algum cargueiro. Levantei-me da rede e com surpresa vi um especial de passageiros parado na estação.

12

Era o trem da administração. O meu colega Lauro, que me descobrira em Pureza, estava com o superintendente em inspeção. Vieram para o chalé. Meu amigo me achou outro. Eu nem parecia o homem amarelo, desconsolado, de três meses atrás. O inglês mandou buscar no carro as suas bebidas e ficaram até a noitinha conversando comigo, falando da guerra, que parecia não acabar mais. O inglês confiava na vitória de sua gente, com uma certeza absoluta. E contava com a entrada da América na guerra.

Falei com o Lauro da história da manhã. E ele achou uma monstruosidade. Prontificou-se a procurar um amigo do governo e tomar providências enérgicas. Agradeci. De nada precisaria por enquanto.

E à noite o especial saiu para a Paraíba. Pureza estava entregue à sua noite de lua. Confesso que senti uma certa saudade pelo que ficava lá para trás. O trem apitava na curva de bem longe. Eu via o lampião da estação aceso, e o tique-taque do telégrafo parecia que era dentro de casa. Antônio Cavalcanti pedia linha para o trem especial. Os outros chefes se preparavam para receber o grande senhor. De dentro do seu carro, com leito, com fogão, o inglês bebia o seu uísque, olhava o Brasil, a terra, os homens, com a sua superioridade de mil anos, com a sua civilização acumulada, ganha à custa de outros como ele, que se soltaram pelo mundo afora.

As noites de lua em Pureza eram tristes. Cercado pela escuridão, eu me encerrava entre as quatro paredes do chalé, a minha solidão se fechava mais com o pretume lá de fora. A lua ali era um elemento perigoso, crescia a noite, alargava tudo. E tudo era de uma melancolia agressiva com a lua no céu. Os eucaliptos cercando o chalé, a estação com aquelas vidas entregues ao sono. Pensava em Margarida, no incidente com o coronel Joca. Na visita do amigo. E a lua se derramando pelos altos, vestindo as árvores com a sua brancura – e eu pensando em mulher. O que seria a vida de Margarida? O que trouxera ela da mãe, do pai, dos antepassados? Aqueles cabelos louros traíam uma raça, uma gente de sangue de branco. Cavalcanti... Muito pouco valiam para mim essas histórias de uma suposta nobreza pernambucana. Mais romance para prazer de alguns sujeitos do Instituto Histórico. Conhecia Wanderleys trigueiros, Albuquerques mais claros que Luís. Aqueles cabelos louros de Margarida! E por que este nome? A lembrança dele seria de Antônio Cavalcanti ou de dona Francisquinha? Havia umas flores do povo com esse nome.

Dona Francisquinha um dia chegou me pedindo um romance para ler. Conhecia o *Moço louro* que era muito bom, a *Emparedada da rua Nova*. Achei interessante aquela curiosidade de dona Francisquinha. Fazia tudo na casa, cozinhava, lavava roupa, costurava para o marido e para as filhas e ainda me vinha pedir um romance para ler. Uma natureza daquelas me fazia inveja. Na sua longa carreira de mulher de chefe teria se consolado algumas vezes com os amores e as desgraças dos livros. Como teria sido dona Francisquinha casada de novo? Há vinte e tantos anos que Antônio Cavalcanti trabalhava na estrada de ferro. Andara por todos os confins, fora até chefe de Campina Grande. Certamente um erro na vida fizera dele chefe de Pureza e outros lugares piores. Vinte e cinco anos – e ali estava com duas filhas sem casamento, duas moças em Pureza, cercado pelas terras dos engenhos, com medo do coronel Joca, do coronel Zé Joaquim.

Fui para a cama com o romance do chefe na cabeça. Tudo aquilo era mais mesquinho que a minha vida. Margarida e Maria Paula dormiriam com a lembrança dos passageiros, dos homens bonitos que viam passando às nove e às duas da tarde. Na Sexta-Feira Santa não corria trem. Devia ser a maior solidão de Pureza. Um dia inteiro sem a vida que vinha dos trens. Seu Antônio não botaria o boné de letras douradas, dona Francisquinha não venderia café, Maria Paula e Margarida não veriam os homens que ficavam quinze minutos parados, olhando para elas.

E o sono não me chegou. O dia inteiro fora trabalhado por emoções fortes. Então pensei mais ainda na vida do chefe. Veio-me uma ideia brusca, como se fosse a queda de uma pedra na minha consciência. Se me casasse com Margarida? Era uma ideia. E levaria a família inteira. Comentariam: aquilo que era homem. Cheio de fortuna, fora passar uns dias numa estação de estrada de ferro e se apaixonara pela filha dum pobre chefe. Um coração de primeira ordem. E, enquanto o sono não vinha, ficava imaginando. E a verdade é que não me repugnava aquele romance. Muitas vezes me chegavam pensamentos destes e eu fugia deles, saltando de um para outro. Mas aquela história de Margarida me agradava. E fui assim até tarde. A lua entrava pela janela e o cheiro dos eucaliptos e dos jasmineiros da estação se acumpliciava com os meus planos de amoroso. Devia ser muito tarde. Agora o tique-taque da sala de jantar não me deixava dormir. Fora-se Margarida. Fora-se o noivado do homem digno. Só me restava mesmo o rumor que vinha lá de baixo e que me tirava o sono. Nesses momentos agudos sentia os pés frios, as mãos frias. A angústia chegava. Ouvia os latidos de cachorro. Muito de longe. Talvez que aquilo viesse das casas dos moradores lá do alto. Estariam dormindo e poucos ligavam a um cachorro ladrando à lua. Estirava-me na cama, imóvel. Era o meu sistema de defesa num ponto, forçar o corpo a ficar de um lado só. Lembrava-me da força dos faquires. Mas aquela vontade rija não durava um minuto. Virava-me de um lado para outro, procurando repouso. O cachorro latia. Mas vinha um momento em que eu não ouvia mais nada. Uma confusão de tudo, dum mundo diferente, dos sentidos, e de uma outra coisa que eu não sabia o que era, se estabelecia. E aí entrava para o sono. Mais para os sonhos.

Acordei daquela noite desesperada com um choro nos ouvidos. A princípio pensei que ainda fosse resto de sonho, mas o choro lá embaixo continuava. Levantei-me às pressas e vi Felismina com a cabeça apoiada em cima da mesa, aos soluços. O que teria acontecido? Corri para a negra, e quando ela me viu atirou-se para cima de mim aos berros:

— Luís fugiu, seu Lola.

Era esta a realidade. O povo da estação já estava dentro de casa. O moleque Luís fugira no especial da noite, e só vieram a descobrir de manhã. O agulheiro vira-o conversando com o brequista do especial. O pobre não confiara na minha proteção. Fora melhor para ele debandar, danar-se pelo mundo. O que valia aquele chalé para defendê-lo do coronel Zé Joaquim do Juçara? O pranto de Felismina parecia um choro por um defunto querido. A negra estava inconsolável. Aquilo me agoniava. Margarida, dentro do chalé, cada vez mais bonita aos meus olhos. A cintura fina, as coxas, as pernas grossas. Até me surpreendi descobrindo-me com esta gula, com este desejo pela moça. Viera consolar Felismina. A negra porém não se deixava dominar. Estive junto dela muito tempo falando-lhe. Não tivesse cuidado que o moleque voltaria. E mandei chamar o chefe, redigi um telegrama para as autoridades, dando os sinais de Luís. Com pouco mais teríamos o negrinho conosco. A negra se consolou um pouco. Todos ao mesmo tempo insistiam na volta de Luís.

Foi assim até que o fato entrou na categoria dos consumados e a dor de Felismina foi se aquietando, como se um analgésico estivesse fazendo o seu efeito. E a negra, quando reparou que não havia café pronto para mim, botou as mãos na cabeça. Tinha se esquecido do café do seu Lola. Luís lhe havia embotado o sentimento de escrava. Faltar a mim devia ser para ela uma coisa muito grave.

Lá de cima de meu quarto, uma janela dava para os fundos, por onde corria o rio de Pureza, um rio manso, de águas cantantes. Descia por cima das pedras. Ladislau conhecia todas as locas, sabia onde se refugiavam os pitus gostosos de patas compridas como lagostins. Do meu quarto via o dia se enroscando pela várzea, e bem embaixo do chalé havia um banheiro que era da serventia da casa, feito com uma cerca de palha. Apenas um lugar para se mudar a roupa. Um pé de ingazeira enorme, de galhos derramados, fazia um recanto dentro d'água. As folhas de palmeiras só faziam mesmo defender quem tomava banho das vistas do povo. Aquilo ainda fora do tempo dos ingleses e agora ia se acabando. De cima do meu quarto via-se quem estava lá dentro. E naquela manhã, sem que procurasse, vi Margarida entrando no banheiro. Quis sair da janela. Não era decente ficar ali. Mas fui ficando. Vi então Margarida se pondo nua, se espreguiçando com medo da água fria. O corpo dela às minhas vistas. Um arrepio passou-me pelas costas. Uma sensação de alegria estranha, uma vontade de viver imensa. Cheguei a ouvir o rumor do corpo caindo n'água. O corpo de Margarida nas águas do rio Pureza. Quis fugir da janela. Sentia-me arrepiado, com alguém por dentro de mim, soprando. Mas não tive coragem. Esperei que ela voltasse a se vestir. Vi quando ela voltou, tremendo de frio, enxugando o corpo com as mãos. Outra vez cheguei ao máximo da emoção esquisita. Teria corrido até lá, pegado aquele corpo magnífico e o teria beijado, tomado todo ele para mim. Ouvi a voz de Felismina me chamando para o café:

— Seu Lola, o café está na mesa.

E quando cheguei lá embaixo, Margarida já estava vestida, pingando água dos cabelos louros. Saíra do banheiro despreocupada, sem saber que grandeza de vitalidade despertara. Subira para o chalé. E ouvira Felismina me chamando outra vez. Havia um mundo naquele corpo de Margarida. Um mundo que eu ainda não havia descoberto. Enquanto Felismina botava o café para mim, a moça veio conversar com ela, passar as mãos macias sobre as tristezas da pobre negra. Eu a via ali perto de mim. Era aquele corpo branco que eu vira, que eu sentira com todos os meus sentidos, como se ele estivesse pegado ao meu. Depois a moça se foi, e do alpendre gozei a manhã de Pureza, como um presente de Deus. Dormira umas três horas somente, e no entanto me achava numa disposição estranha para tudo.

13

Saí naquela manhã com vontade de andar muito e por isto atravessei o rio e fui andando por onde nunca estivera dantes. Os partidos de cana cobriam a várzea. Andei tanto que quando reparei estava na porteira de uma bagaceira de engenho. A casa-grande lá em cima descoberta, sem uma árvore por perto, com as quatro águas características, a casa da fábrica embaixo com o telheiro quase arrastando no chão. Um açude pequeno e no meio do cercado uma árvore bonita. Sem dúvida para descanso do gado. Nisto se aproximou um homem magro e alto, vestido quase como um trabalhador:

— Bom dia – me disse ele. — O senhor anda à procura de quem?

Quando soube que eu não queria nada, convidou-me a entrar.

— O senhor pode descansar um pouquinho, tomar um café.

Era o senhor de engenho. A casa de morar era uma tapera. Cadeiras velhas, de palhinha furada, um sofá para o canto e a mesa de pinho com a toalha suja cobrindo somente a metade. Estava no engenho Resplendor, do coronel Luís Inácio. Tomei um café horrível e me despedi do senhor de engenho. O homem fez tudo para que eu voltasse no seu cavalo. Tinha de andar mais de légua. Agradeci e fui saindo com o sol violento da manhã. Aquele homem não tinha consciência de que vivia mesmo. Quando avistei do caminho o chalé, os eucaliptos verdes, foi como se voltasse de um país estrangeiro. Lá estava a paz de minha casa confortável, o sussurro das minhas árvores, a doçura da vida que começava a sentir de verdade. O coronel Luís Inácio mandava em meia dúzia de cabras, podia mais do que eu, mas a vida dele era de um porco, naquela casa nojenta, rodeada das moscas das estrebarias. Em casa tomei o meu banho de chuveiro, gozei a toalha felpuda e, espichado na cama, esperei ansioso que Felismina me chamasse para o almoço. Vinha da cozinha um cheiro bom de comida limpa, de tempero gostoso. O coronel do Resplendor já teria devorado com a família o seu pedaço de charque, o seu feijão com farinha. Maltratavam a terra como inimiga feroz, para aquela vida infame que levavam. A terra para aqueles homens só merecia pancadas. Reparara nisto muitas vezes. A terra ali só servia para produzir todo o ano. Não lhe davam alimento, não lhe restituíam nada. Era só enxada e semente. E depois que colhiam, fogo por cima. Brigavam por um palmo de terra, mas para eles a propriedade era um domínio de sádico.

Felismina me chamava para o almoço. Lá embaixo estava a mesa pronta. Um jarro com flores no meio, uma toalha claríssima e o prato de sopa fumegando. Quatro meses atrás, qualquer refeição para mim era uma maçada. A saúde, a força, a vitalidade faziam-me ver as coisas diferentes. A negra ainda estava de olhos vermelhos, mas a dor pela fuga de Luís não embaraçava a sua vista. Reparou logo que estava queimado de sol e foi me censurando. Aquilo só me podia fazer mal. Fora demais o meu passeio pela manhã. Na cozinha, Ladislau afinava a rabeca. Ouvi Felismina pedindo-lhe que não tocasse e com pouco ela voltava para me servir, com lágrimas nos olhos.

— Seu Lola, o bichinho não volta mais.

E caiu na cadeira, aos soluços. Ladislau chegou tateando:

— Não precisa se amofinar tanto, sinhá Felismina. Tenho comigo que o moleque volta.

O cego queria consolar. Naquele almoço comi os pitus que ele me trouxera de presente e não pude terminar. Fez-me uma pena imensa o sofrimento da pobre negra. Levara a vida inteira sofrendo pelos outros. Saíra de minha mãe para minha irmã. Só servia mesmo para os outros. Em pouco tempo pegara amizade ao Luís. Padecia como se tivesse dado ao moleque a sua carne e o seu sangue.

Do alpendre eu ouvia muito bem Ladislau conversando. Todas as suas palavras eram para consolar Felismina. A vida era assim mesmo. O moleque podia ser até gente, ser feliz. Felismina porém não queria se conformar com a ideia de Luís não voltar mais para junto dela. Ladislau admitia a hipótese de uma separação para sempre. Mas talvez fosse para o bem do outro. Tudo no mundo tinha a sua razão de ser:

— Não me lastimo da cegueira não. Podia ser muito pior. Muito pior do que a minha vida é a de Chico Gomes, que foi maquinista do Gameleira e vive hoje entrevado em cima da cama como um traste. Não presta para nada. Eu ainda sirvo.

Com pouco mais Ladislau saiu para esperar o trem das duas. Passou por perto da minha rede, e parecia ver-me, porque tirou o chapéu.

— Deus guarde a vossa senhoria – me dizia sempre que me sentia por perto.

E de lá da plataforma, com a rabeca atravessada nas costas, esperava o horário. Seu Antônio já estava de boné, a mulher preparava o tabuleiro para o café. Margarida e Maria Paula estariam diante do espelho, se ajeitando para a recepção do trem da tarde.

O cansaço do passeio foi me dando vontade de dormir. Vinha uma ventania deliciosa dos eucaliptos. Lembrei-me de Margarida no banho, da visita ao Resplendor. A dor de Felismina me tocava. Dormi um pouco e acordei com o apito do trem parado em Pureza. A máquina chiava tomando água e a rabeca de Ladislau gemia mais pungente naquela tarde. A dor de Felismina inspirava o amigo. Fiquei triste de repente. O trem se fora. O carteiro de São Miguel passou no chalé para deixar a correspondência. E deu dois dedos de prosa com Felismina. Era também da opinião de Ladislau. Podia ser até bom para Luís ter se sumido.

Aos poucos Pureza foi ficando no seu natural. A tarde vinha chegando. As cigarras deviam sentir a fresquinha da hora, porque caprichavam no canto, que ainda era mais saudoso. Pássaros e cigarras se despedindo do dia com o melhor que podiam dar. E a minha tristeza crescendo. Quisera fazer de Luís mais alguma coisa que um moleque de bagaceira, corrigir os estragos da miséria, iluminar com a educação aquela consciência, que apodreceria na lama dos currais. E Luís não confiara em mim. Bem vira ele a coragem na resposta que eu dera ao coronel Joca. Excedera-me na sua defesa. E ele fugira. Confiara mais na proteção do mundo. Felismina chorava. No fundo ela também se queixaria de mim. O seu Lola, se fosse outro, teria aguentado o moleque. Ela sabia que eu não podia com uma chuvada, que o meu corpo não resistia a um esforço grande. A negra ajudava-me a vencer a natureza. Sem dúvida que Felismina me responsabilizaria pela fugida do moleque. Em mãos de outro tudo estaria seguro.

Naquela tarde Ladislau se demorou na cozinha mais tempo. E dona Francisquinha já estava com a amiga, fazendo companhia.

O sol ia se pondo devagar. Pelos altos ainda se viam raios mortiços de luz caindo pelas árvores com ternura, acariciando as folhas verdes com afagos de despedida. O silêncio de Pureza parecia uma parada de tudo. O mundo teria se acabado por uns minutos. Na cozinha conversavam em cochicho. O rolar do rio nas pedras se arrastava. De longe, como do outro lado do mundo, chegava o urro dum boi perdido de algum rebanho. E a minha tristeza se aproveitando de tudo isso, tirando partido dessa síncope da natureza. Se pudesse chorar nessas ocasiões, seria um alívio para a angústia que me cortava o coração. Ladislau se fora para a sua casa. Cego, miserável, sem o amor de ninguém, e feliz, dando conselhos de coragem aos outros, achando gente no mundo mais desgraçada que ele. Margarida passou pelo alpendre e me deu boa-noite. Como eu gostaria que ela compartilhasse aquela minha tristeza! Fora procurar Felismina, que sofria muito menos do que eu. Ninguém diria que o doutor do chalé estivesse espichado naquela rede de largas franjas, com o coração pesado, com um nó na garganta. Mais infeliz do que os pobres das casas que tinham um chiqueiro de porco fedendo, do que o senhor do engenho Resplendor, do que Antônio Cavalcanti, do que o cego, do que Felismina, que chorava. Nestes momentos de minha vida só uma coisa me acalmava, o pranto, um chorar de lágrimas abundantes. Queria chorar e não podia. Uma coisa apertava-me a garganta. E a noite chegava de repente, rápida, como se alguém houvesse torcido um comutador.

14

FELISMINA CAÍRA DE CAMA com um acesso de erisipela. Dona Francisquinha e as filhas vieram para o chalé fazer o que a negra fazia para mim. Da cama ela cuidava do seu Lola. Só o peso da doença poderia parar aquele instinto de dedicação. Não me faltava nada. O almoço vinha na hora certa, a casa não perdera a sua arrumação, mas faltava Felismina, faltava-me a escrava com quem me habituara há tantos anos. Dona Francisquinha se exagerava em cuidados. Margarida e Maria Paula andavam pela casa como duas criadas, limpando, arrumando, pondo em ordem. Todas as manhãs dera para olhar Margarida no banho. Às vezes ela ia com a irmã. E os dois corpos brancos apareciam debaixo do sol. Ficava eu por detrás das venezianas, espiando com o coração batendo e os sentidos acesos. Eram uns minutos grandiosos. Todo o meu corpo como que se coloria de novo, e o meu sangue viajava rápido pelo corpo. Parecia-me que havia roubado qualquer coisa da moça, um pedaço qualquer do seu pudor estaria em minhas mãos. Teria cometido um estupro, violando recantos da sua intimidade. Descera muito com aquela curiosidade de libertino. Mas ver Margarida no banho já era para mim uma necessidade que precisava contentar. Agora andava ela pelo chalé. Numa manhã bateram na porta do meu quarto. Era Margarida que vinha fazer um mandado de Felismina. Tinha acabado de ver mergulhando na água do rio aquele corpo branco e bonito.

Os seus cabelos louros, molhados, estavam abertos na frente, e iam até os ombros. Os olhos azuis, a sua carne, a sua vitalidade enchiam o meu quarto de um cheiro estonteante. Era como se Margarida estivesse nua ali na minha presença. Ela se riu para mim. Vinha mudar os lençóis da minha cama. Vi-a debruçada no serviço, vi as pernas que a posição deixava aparecer, e de repente me achei capaz de ser dono de Margarida, senhor da sua carne. Depois que ela saiu do quarto foi como se a vida houvesse se retirado, fugido de mim uma coisa essencial. Um médico havia me dito:

— Sem o senhor esperar, um dia se cura. A natureza corrigirá, ela mesma, essa inibição.

E o fato era que eu me avaliava e encontrava outro homem dentro de mim. Não seria uma mudança total. As angústias e as insônias persistiam de uma hora para outra. Todo o meu interesse pelos outros sucumbira na primeira decepção.

Preocupava-me com Felismina. Fazia oito dias que ela não tinha forças para levantar a cabeça, submetida àquela invalidez, ela que há 24 anos regularizava a sua existência pela obrigação de ser útil. Quando eu ia ao seu quarto conversar, lá estava sempre a mulher do chefe. Felismina não tinha palavras para falar da dedicação de dona Francisquinha. Em toda a sua vida, pela primeira vez, ela encontrara uma pessoa para lhe dar as coisas nas mãos, uma pessoa que andava, que mexia com as mãos para lhe servir. Lia-se a gratidão da negra na sua cara:

— Não pensei que houvesse gente tão boa, como essa do chefe – me dizia ela. — Foi uma providência do céu o senhor ter se lembrado desta terra.

Mas não se esquecia de Luís. Um condutor de trem dissera ao agulheiro que o moleque fora visto na estação do Entroncamento. Sempre que eu aparecia no quarto da negra, ela queria saber do Luís. O ataque de erisipela fora provocado pela grande dor da pobre. Todo o seu físico se integrara no seu amor ao moleque. A paixão violenta abalara a sua saúde que resistira ao contágio das doenças de minha família. Ela se agregara à minha gente para a vida e para a morte. Muitas vezes chegava a pensar na possível morte de Felismina. Tremia com esses pensamentos. Quando a vira com febre alta, pensei em mandar chamar médico em Recife. Dona Francisquinha se riu da minha opinião:

— Qual nada, doutor! Erisipela só dá com febre assim. Antônio, quando tem os ataques dele chega a ficar dizendo besteira. Isto passa. Basta botar os unguentos que eu dei a dona Felismina. E com o chá de pitanga tudo vai indo.

E assim levou Felismina uns oito dias. E Margarida se aproximando de mim cada vez mais. Não era uma tímida, como eu pensava. Veio dela a iniciativa. Foi ela quem me procurou, quem deu a primeira palavra. Estava no meu quarto e Margarida chegou para procurar não sei o quê. Eu lia na cama, deitado, e ela se chegou bem perto de mim. O seu corpo todo me apareceu nu, como na hora do banho. Passou por mim uma onda de embriaguez, uma tontura que foi a melhor coisa que senti até aquele dia. Beijamo-nos ali em cima da cama, estivemos mais de meia hora num êxtase, numa troca voluptuosa de carinhos. Senti-me homem de verdade. Quando ela desceu e fiquei só no quarto, quis gritar para todo o mundo, dizer a toda gente que eu era um homem válido, capaz de amor, capaz de ir até o fim do amor. Uma mulher não seria mais um instrumento de suplício. Aquilo se passara antes do trem das duas. Desci radiante e encontrei Felismina sentada na cadeira de braços, na cozinha. Abracei a negra velha, como desde menino não fazia.

— O que foi que seu Lola viu hoje, gente? Estou até desconhecendo.

Fui olhar do alpendre as terras, as árvores. Se não fosse aquele sol, sairia para andar, andar. Queria me sentir mais perto do mundo, queria contatos mais diretos. Margarida já estava na janela da estação, e me deu um adeus. Os cabelos louros, a carne moça, uma grande fonte de vida.

15

HÁ UM MÊS QUE Felismina voltara a fazer tudo no chalé. Só não consenti que ficasse na beira do fogão. Tive trabalho para conseguir que outra viesse para o seu lugar. Não estava um traste que não pudesse com uma panela, me dizia. E assim mais dona de casa foi ficando. Não deixava, porém, a cozinha, onde continuava a receber os amigos: Ladislau, o pessoal da estação. Mas os olhos da negra velha não se cansaram com a idade. Percebera que havia qualquer coisa entre mim e Margarida. Não me falava, mas desconfiei que a negra pegara o sentido das minhas relações com a filha mais velha do chefe. Um dia, sem que eu falasse, lá me saiu Felismina com uma conversa comprida, de quem procurava um assunto. Fingi-me alheado e ela deveria ter desconfiado da fugida que eu dera. Ao passo que ia se esquecendo de Luís, ia cada vez mais se preocupando comigo, se exagerando nos cuidados, reclamando contra os meus passeios demorados, as minhas extravagâncias. Tinha a impressão que Felismina recuara até o tempo dos meus anos de menino para se exceder daquele jeito em cuidados. Eu não lhe dizia nada e ouvia calado os seus carões para não magoá--la. Para que ferir aquele amor de mãe? Ria-me, e ela gostava de me ver alegre, mesmo quando era para desobedecer aos seus pedidos. Que ela desconfiava das minhas relações com Margarida, não havia a menor dúvida. Foi ficando indiferente com a moça, sem aquela doçura de outrora. Fora a própria Margarida que me dissera. A velha não era a mesma. Não a recebia com a mesma alegria que dispensava à mãe e à irmã. Eu não ia mais para a janela ver Margarida no banho. Agora toda ela era minha. Desde aquele dia do quarto, dos beijos, que ela voltava à mesma hora, até que Felismina ficara boa. E a verdade é que a minha vida mudara por completo. Uma satisfação absoluta de viver tomara conta de mim. Nunca mais as insônias me perseguiram, nada das angústias desesperadas. Margarida era uma fonte de vida. Dava-me tudo que podia dar. E que alegria estar perto dela!

 Todas as noites eu deixava a porta de entrada que dava para o alpendre aberta, e ela saía da estação e vinha estar comigo. Lembro-me da primeira noite, do meu coração batendo, do meu susto. Vi da janela Margarida saindo da casa, atravessando o leito da linha, entrando no chalé, subindo as escadas imperceptível como um gato, entrando no meu quarto e nos meus braços. Todas as minhas reservas de homem, todos os carinhos que eu nunca fizera foram para Margarida naquela grande noite nupcial. Felismina estava no quarto com as dores e não saberia de nada. A minha maior alegria se aproveitando dos sofrimentos de quem fora uma escrava em todas as horas de minha vida.

Dias depois, Margarida foi me contando a história, a sua história, a triste história de sua família, as misérias de seu pai Antônio Cavalcanti e a grandeza de sua mãe. Tudo ela me contou, de tudo me deixou a par. Não se esquecera dos menores detalhes, porque era eu mesmo que perguntava, que queria saber de tudo. Atrás falei de um homem para contar a história daquela gente, toda a tragédia que arrastava a família do chefe da estação. O que eu não podia imaginar era a que grau de torpeza Antônio Cavalcanti havia descido.

16

O PAI DE DONA Francisquinha tinha uma loja em Itabaiana. Era um homem conceituado, que criava a sua família como podia. Veio Antônio Cavalcanti, que nesse tempo era caixeiro-viajante, e enamorou-se de uma das moças. A noiva trouxera alguma coisa, uma herança da mãe, uns dez contos de réis. Aí começou o sofrer de dona Francisquinha. O marido vivia no jogo, deixava-a em casa sozinha, na rua do Aragão. Veio a primeira filha, e a necessidade já não era uma estranha na casa deles. O marido perdera o emprego e trabalhava agora de noite para uns jogadores. O que trazia para casa não dava para nada. Passaram a morar em Afogados e nesse tempo a miséria estava definitivamente instalada entre eles. Nasceu Maria Paula assim, no meio de panos velhos e auxílios de vizinhos. O pai de dona Francisquinha havia morrido devendo na praça, tudo para ela andava para trás. Foi quando ofereceram o lugar de chefe de estação a Antônio Cavalcanti. Iriam para o fim do mundo, para uma terra que não tinha nome, que era só uma parada de trem. Lá ficariam dois anos. Pelo menos. Pelo menos a vida não seria negra como em Afogados. O chefe ganhava cem mil-réis por mês e havia leite de graça para as meninas. Um dono de fazenda de perto da estação mandava leite para elas. Mas o marido inventava jogo na povoação que ficava perto. Ficava assim dona Francisquinha só, naquele deserto. Uma noite ele estava no jogo, a meia légua de distância, e o aparelho do telégrafo começou a bater. Ela sabia que aquilo era pedido de licença para algum trem de carga. Ela ignorava os sinais do telégrafo. E Antônio fora. Procurou o agulheiro e não o encontrou. Então ela saiu na escuridão atrás do marido. Encontrou-o no lasquinê. Saíram correndo, e Antônio Cavalcanti levou uma repreensão pelo desleixo. Quase que lhe tomaram o emprego. Por isto fora removido para outro ermo e aí passaram uma porção de anos. A vida da família continuava a mesma: o jogo, as precisões, as meninas crescendo e pedindo escola, a escola mais próxima a quase uma légua de distância. Margarida crescera nesse lugar. Só havia mesmo a estação e perto o vapor de descaroçar de doutor Claudino. Lembrava-se da mãe na luta com o gênio do pai. Via dentro de casa Antônio Cavalcanti dando desgostos, trazendo visitas da pior espécie, que ficavam até alta noite no jogo. Era a pior gente, cabras do Sapé, jogadores de feira, que ele trazia para a estação. Dona Francisquinha tinha que ficar acordada para fazer café para a canalha, que não a acatava. Uma vez um tal de Gerôncio desrespeitou a mulher de Antônio Cavalcanti. Ela queixou-se ao marido, que pouco ligou, dizendo que era brincadeira de Gerôncio. E dona Francisquinha desde esse dia desconfiou das intenções do marido. Chorava muito. Sozinha naqueles ermos, com duas filhas se pondo moças, e sem uma pessoa para desabafar as suas grandes mágoas, com o marido viciado a tal ponto que nem se importava mais com ela. Agora já sabia telegrafia. E enquanto o marido jogava, todo o serviço da estação era feito por ela. Assim fora-se o tempo. Mudaram-se para o Sapé. Margarida estava com 16 anos e Maria Paula com 15. Felizmente teriam uma vida melhor no lugarejo, que, comparado com o Araçá, era uma cidade. Mas aí dona Francisquinha ia sofrer os piores dias de sua vida. Antônio Cavalcanti se juntava com a canalha. Veio um telegrafista servir na estação, um sujeito sem costumes. E ela com duas moças dentro de casa. O Sapé nesse tempo começava a crescer. A feira aumentava cada dia mais. As casas de negócio apareciam. A igreja é que era aquela capelinha dos tempos em que aquilo fora uma fazenda de gado. Mas chegava povo de toda parte para o lugar. Havia o capitão Simplício Coelho com uma loja arrojada, um Domingues Paraguai com açougue de boi, o coronel Uchoa, um velho que dava gritos por qualquer coisa. Margarida achara o Sapé uma beleza em relação ao Araçá. Fora aí que Margarida conhecera o primeiro namorado, um rapaz caixeiro da loja do coronel Simplício. A mãe, quando soube, fez barulho. Uma vergonha o namoro com um zé-ninguém. Agora Antônio Cavalcanti vivia na roda dos grandes, jogando com o coronel Simplício Coelho, Joca Raposo, os maiores da terra. No Sapé só se fazia jogar, quando não era dia de feira. Jogo de manhã à noite. Depois Cavalcanti apareceu com muito dinheiro. Dona Francisquinha comprou um gramofone e começou a dar danças em casa. Festas toda semana. A casa se enchia. A salinha da estação não cabia mais ninguém, vinham convidados até da Paraíba. Antônio Cavalcanti e outro sujeito do Sapé iam jogar todos os sábados com o capitão Terto, dono de um engenho. Falava-se que botavam o senhor de engenho nas bebidas e tomavam-lhe todo o cobre. Um marchante trouxe uma vez as botas cheias de notas. Agora a casa do chefe de Sapé era um centro social. Margarida, com seus 16 anos, deveria encher as vistas dos homens. Maria Paula era um brinco. Duas belezas. Apareciam candidatos de todos os lados. Mas a desgraça rondava a casa de Antônio Cavalcanti. O grande amigo do chefe agora era o major Luís de Oliveira, do engenho Murim. Os presentes não deixavam de chegar na estação. Eram sacos de açúcar, cargas de milho, quartos de porco, cestas de laranjas. Dona Francisquinha distribuía com os conhecidos do Sapé. O major Luís de Oliveira já havia convidado a família do chefe para fazer uma visita ao seu engenho. Vivia sozinho, não quisera se casar. A família de Antônio Cavalcanti uma vez por outra aceitava o convite. A casa-grande vivia deserta, os quartos vazios. Aí dona Francisquinha pensou na sorte das filhas. Por que Margarida não se casaria com o major Luís de Oliveira? Seria a salvação de todos. Antônio criaria juízo e Maria Paula encontraria um rapaz direito que quisesse ser cunhado de um senhor de engenho. Por isso fizera tudo para Margarida acabar o namoro com o rapaz da loja. Margarida via na mãe a bondade em pessoa. Tudo o que ela fizesse e pensasse era só em benefício das filhas. E aí começou a história a ficar triste. O major queria Margarida. Não precisava que lhe oferecessem, pois ele já estava com a moça de olho. E Margarida foi se entregando aos agrados dele. Era um homem bonito, muito agradável de trato. Agradava muito a dona Francisquinha e vivia em conversas com Antônio Cavalcanti. Todo o mundo no Sapé já perguntava pelo dia do casamento. Dona Francisquinha aproveitava a sorte do marido, comprando as coisas, fazendo como podia o enxoval da filha. Renda da terra era muito barata, labirinto comprava-se por um quase nada. Trabalhavam ela e as filhas bordando os panos, arranjando tudo como podiam. Lá um dia houve um bate-boca na estação entre Antônio Cavalcanti e um jogador. O homem acusava o chefe de ter roubado o capitão Terto, no jogo:

— Ganhei no jogo – gritava Antônio Cavalcanti.

— Que jogo, que nada! – respondia o homem. — Vocês deram uma bebedeira no velho e fizeram uma limpa na gaveta.

Aí o trem veio chegando e a conversa parou. Dona Francisquinha chamou o marido para saber. Tudo era mentira. Fossem perguntar ao coronel Domingues, que fora com ele. Jogara no direito, coisa lícita. Aquele cabra falava assim porque não podia entrar na roda em que ele estava. Era inveja. Não dava mais ousadia a tipos daquela ordem. E por isso viera ele para a estação dizer aquelas besteiras.

Mas dona Francisquinha ficou com medo que o major Luís de Oliveira viesse a saber das fraquezas do marido. Antônio Cavalcanti fazia tudo aquilo, mas nunca tivera coragem de levantar a voz para a mulher. Ouvia de cabeça baixa as queixas e as lamentações da pobre. Agora aparecia a história daquele roubo. A mulher lhe chamava a atenção, tinha duas filhas moças, uma quase para casar com um homem de posição. Quem queria um sogro daquele jeito, sem se dar ao respeito, vivendo de canga e corda com tipos da pior espécie? Olhasse para as suas duas filhas.

Naquele dia Margarida ouviu do quarto a conversa dos dois. E chorou de pena, de ver a infelicidade de sua mãe e o relaxamento de um pai como aquele. O major estava como dono da casa. Entrava e saía na estação como na casa-grande de seu engenho. Aos sábados iam dona Francisquinha e as meninas dormir no Murim. Passavam o domingo. Dona Francisquinha ficava como dona da casa. Maria Paula ajudava e Margarida saía com o major em passeios a cavalo. O casamento estava marcado para São João. No Sapé era em que se falava. No coração do major Luís de Oliveira, que enjeitara casamentos com as filhas dos grandes da várzea do Paraíba e ia se casar com uma moça pobre, filha dum chefe de estação.

    Dona Francisquinha orgulhava-se de Margarida. Sofrera muito, vivera cercada de bichos, nos ermos, ouvindo o grito das raposas pelas noites, perdida com duas filhas pequenas, com o marido na mesa do jogo misturado com gente de pé no chão. Agora porém estava a sorte dentro de casa. Antônio vivia na roda do capitão Simplício. O Sapé parecia uma cidade, a estação sempre cheia e a sorte de uma filha encontrar um casamento daqueles com um homem de posição e rico.

    De fato a estação era o lugar mais alegre do Sapé. Maria Paula botava o gramofone para tocar, e juntava gente de boca aberta na porta para ouvir. Só quem tinha aquilo por ali era o chefe. A família do chefe enchia o Sapé. As moças bonitas, as danças, as conversas de Antônio Cavalcanti. Vinham até convites dos engenhos de perto para as moças irem passar o dia. E os grandes, quando vinham tomar o trem com a família, deixavam as mulheres e as filhas na casa do chefe. Dona Francisquinha e as filhas agradavam muito. E vinham presentes das redondezas, cestas de ovos, galinhas, cargas de milho. A vida para eles virara uma vida de grandes.

    E foi assim até que se deu a desgraça maior da família Cavalcanti. O major Luís de Oliveira deixou de tomar o trem em Sapé. Uma semana, duas sem aparecer. Dona Francisquinha intrigou-se com aquela ausência. E Margarida chorando pelos cantos. A mãe alcançou logo aquela desgraça. Chamou a filha e botou-a em confissão. Foi como se um raio caísse aos seus pés. A pobre rolou em cima da cama como um fardo. Não pôde falar. Margarida viu sua mãe fora de si. Chamou Maria Paula. Dona Francisquinha estava entregue ao maior pranto que Margarida já vira. Acabou-se com a felicidade de dona Francisquinha. Antônio Cavalcanti não reagiu. Viu a desonra da filha, viu a mulher ferida de morte e continuou na roda de Simplício Coelho, jogando. Agora trazia para casa o pessoal. A desgraça espalhara-se. E dona Francisquinha, vendo o marido quieto, saiu para defender a filha. Foi ao delegado e o homem pôs-se de fora. Não valia a pena. O melhor era calar, esconder a coisa o mais possível. Quem iria bulir com o major Luís de Oliveira, um homem rico, amigo do coronel Trombone? O melhor era fazer como se não tivesse acontecido nada. No Sapé não havia juiz. Mas dona Francisquinha não desanimou. E sem que o marido desconfiasse, pretextando ir se receitar, subiu as escadas do Palácio do Governo, para pedir proteção ao governador. Contou tudo. E voltou radiante com a audiência. Esperou um dia, uma semana, um mês, um ano. O major Luís de Oliveira passava pela estação bem livre de seu. A maior desgraça para dona Francisquinha vinha do marido. Era a sua maior vergonha. Antônio Cavalcanti continuava de amizade com o major. As mulheres do Sapé vinham falar com ela. Aquilo é uma falta de sentimento do chefe. E ela foi ao marido. Ia-se embora para o fim do mundo, levaria as filhas para serem raparigas em qualquer parte. Ali é que não ficaria mais. E tanto bateu e falou, que veio a transferência para Engenho dos Reis. Era um lugar triste, muito triste, assim como Pureza. Só existia mesmo a estação e as ruínas de um velho engenho abandonado. Mas a desgraça da família não tivera termo. A mãe via como os homens dos trens olhavam para Margarida e para Maria Paula. E Margarida, depois de um ano, começou namoro com um outro. Apareciam pretendentes, homens casados, ricaços, caixeiros-viajantes. Dona Francisquinha tinha medo. Nem ali naquele deserto deixavam em paz a sua família. Vinha tomar o trem, todos os dias, um senhor de engenho, o conhecido Sinhozinho.

O homem ficava conversando com o chefe, mas a intenção dele dona Francisquinha sabia qual era. O engenho era perto. Começaram a chegar os presentes. E o coronel Sinhozinho com agrados, até que se deu o que dona Francisquinha esperava. Margarida aceitava-o. Margarida perdia a cabeça. E a mãe então desenganou-se da filha mais velha. Queria muito bem a ela, mas agora era como se não existisse naquele sentido. E todos os seus cuidados foram para Maria Paula. Esta, ela defenderia. A experiência que obtivera com Margarida daria para salvar Maria Paula. A menina estava nos seus 16 anos e era uma beleza, morena clara, de cabelos pretos, o oposto de Margarida, que era branca e loura. Os cabelos de Margarida eram como os de Antônio Cavalcanti; os de Maria Paula eram mais da gente de dona Francisquinha. E os dias da estação dos Reis eram os mesmos. Aquela tristeza, aquela insipidez de sempre. Margarida andava com Sinhozinho, o amigo do pai. E Maria Paula namorava com todo rapaz que passava no trem. A estação ficava conhecida. As moças do chefe eram faladas em toda a estrada. Quando o trem parava, desciam os homens para vê-las de perto. As moças namoravam nos minutos que a máquina tomava água. Depois era o silêncio, o tique-taque do telégrafo, dona Francisquinha trabalhando, Margarida e Maria Paula sonhando, e a vida passando, a mesma de todos os dias. Ficaram por ali uns dois anos. Antônio Cavalcanti estava doido para arranjar uma estação de movimento. Pegou-se com um engenheiro inspetor da estrada. O homem começou a ver com atenção a família do chefe. A gasolina ficava parada horas e horas, e o doutor engenheiro de sala, conversando com o chefe da estação. Dona Francisquinha desconfiou. Que prosa era a de Antônio para aquele homem ficar por ali conversando? Não tinha dúvida, era Maria Paula, era a filha mais moça que atraía, chamava o doutor. Antônio Cavalcanti andava radiante porque ia deixar aquele lugar esquisito. O doutor prometera a sua transferência para um lugar de destaque. E Maria Paula foi dada pela estação de Campina Grande. A dor de dona Francisquinha foi mais comprida do que da primeira vez. Ficou de cama, envelheceu, andou dias e dias como uma leseira pelo meio da casa. As filhas davam-lhe os maiores desgostos, mas gostavam muito da mãe. E assim foi o tempo andando. Campina Grande era a maior estação depois da capital. Um chefe de estação ali tinha importância. Antônio Cavalcanti agora valia muito mais. A fama das filhas dele chegara até lá. E os filhos do prefeito, rapazes ricos, os homens da terra, farejavam. Antônio Cavalcanti era chamado para toda festa que aparecia. E dona Francisquinha nunca mais que botara os pés em casa de ninguém. De dentro de casa não saía. As filhas podiam ir para a cidade com o pai. Ela não tinha cara para se mostrar a ninguém. Só não morrera porque desgosto não mata. Foram-se os dias de Campina. Ela sabia que as filhas eram de um e de outro. Era o seu destino. Tinham puxado ao pai. Que podiam fazer? Então todo o seu trabalho era para que as meninas não a deixassem, ficassem sempre com ela, não se danassem pelo mundo. A desgraça já havia feito o que podia fazer de pior. Ao menos que as filhas não se sumissem, perdendo-se por esse mundo afora, entregues ao destino, mulheres perdidas, queridas, abandonadas, felizes e infelizes, pobres, levadas pelos ventos ruins. E assim ela ia vivendo para a sua casa, cozinhando, lavando roupa, cosendo. Desejava, porém, que elas não se fossem, as suas duas pobres meninas.

    Antônio Cavalcanti não deixava a mesa de jogo. E isto foi assim até o dia do roubo dos armazéns. Os armazéns amanheceram arrombados e com mercadorias furtadas em grande quantidade. Fizeram o inquérito, botaram muita gente na cadeia e no fim removeram o chefe para Periperi.

E assim foi a vida da família Antônio Cavalcanti. O marido sempre o mesmo. A mesma inconsciência, as filhas namorando, a mulher envelhecendo. Fazia vinte anos que Antônio Cavalcanti era chefe de estação. E estava ali em Pureza há três anos somente. Agora dona Francisquinha era mais feliz. As filhas haviam se aquietado mais, e a velhice chegara para o marido, as dores reumáticas e a erisipela iam vencendo os instintos dele. Talvez que aquele tempo fosse o mais feliz da família. Dona Francisquinha havia criado outra cara. A tristeza da terra era grande. Mas de que lhe valera a alegria dos outros lugares? O marido abrandara, as filhas viviam como podiam. Vinte e tantos anos levara com Antônio Cavalcanti, e nem sabia como chegara a tanto, com as dores que a vida lhe dera. Uma vida como aquela de dona Francisquinha dava para fazer uma santa. Ela estava ali, com aquela cara alegre, vendendo café aos passageiros. Criada do marido e das filhas, amiga de Felismina.

Margarida me contara toda essa história. Eu mesmo lhe pedia os detalhes, querendo saber de todos os pedaços, dos menores incidentes. Não sei se era mesmo um prazer que eu sentia em ouvir Margarida falar de tanta miséria, mas me satisfazia o seu relato doloroso. Ela agora era minha. Entrava eu assim na história da família Cavalcanti. Tinha me aproveitado. Um galho daquela pobre árvore me aguentava. Vivia dele como uma parasita.

17

Eu disse que Margarida fora para mim uma fonte de vida. Uma vez, antes de tê-la como amante, pensara em elevar a família Cavalcanti. Seria um rasgo de coragem, um grande gesto. Imaginava a felicidade de todo aquele grupo, degradado pela miséria. Agora porém a coisa mudava de figura.

Verifiquei que seria difícil para mim fazer do chefe meu sogro. Ele descera até o mais fundo da desgraça. Margarida não ambicionava nada de mim. A ela eu devia a maior alegria de minha vida. O seu corpo reabilitara o meu corpo, dera força, sangue ao meu pobre corpo incapaz de uma ação decisiva. E a verdade é que podia dizer que era bem outro. Bem outro era o homem que tinha nervos calmos, que dormia tranquilo, que perdera as angústias. Aquilo fora-se embora quase por encanto. Às vezes ficava pensando que só poderia ter sido um equívoco o homem que existira em mim. E me analisava metodicamente. Como poderia ter vivido sobressaltado por medos imbecis, atormentado por insignificâncias? Era outro homem. Sentia que a mulher me dera uma parte da vida que ainda não me havia tocado. Falaria em amor? Seria amor aquela vontade que sentia de estar sempre ao lado de Margarida, de esperar ansioso que ela viesse, de andar pensando nela, na sua vida, nas misérias por que passara, nas amarguras da sua gente? E sofrer, quando, por uma coisa ou por outra, Margarida faltava aos encontros? O amor no grande sentido fizera poetas, dera grandes coisas. Sentia-me um homem feliz com o que vinha de Margarida. E para mim aquilo era tudo.

    Nos primeiros dias dos meus encontros o coração ficava frio no momento em que ela subia para o meu quarto. Todo o meu corpo vibrava, estremecia, quando Margarida vinha subindo as escadas. Viria para mim. Viria me dar o grande prazer. Então, enquanto ela não chegava, o meu coração esfriava, o meu coração corria léguas em minhas veias. Tudo era como se eu estivesse na iminência de um grande perigo. E Margarida acabou com tudo isso, toda essa sofreguidão a sua carne amorteceu. O amor ficou para mim uma coisa regular. Ia para ele, senhor de mim, absolutamente senhor de mim.

Aquele rapaz trêmulo, ansioso, Margarida reduzira a um homem capaz, firme, fazendo o que quisesse, entregando-se a ela na posse de todos os seus sentidos. Lembro-me de minha primeira noite como de uma prova perigosíssima de exame. Eu é que seria no caso a nubente, inexperiente, de pudores alarmados. E Margarida a experiência, a sabedoria, a segurança de tudo. Vencera. Dera um salto no abismo e chegara à outra eminência são e salvo. Na primeira manhã do meu triunfo abraçara Felismina. E teria me entregue à natureza, ao rio, às árvores, à terra de Pureza. Fora uma manhã de glória que ninguém poderia medir. Um homem podia mudar de uma hora para outra. Um ponto na sua personalidade estava obscuro, obstruído. E vinha um fato, um choque, e daquele ponto obscuro se espalharia uma luz, romperia uma fonte. E o homem seria outro, com outros gestos, outros gostos, outra alma. O que eu tinha agora era outra alma. Não encontrava uma imagem capaz de me definir com exatidão. É preferível que eu fale da vida, que fale de Margarida, que vá falando de Pureza e de sua gente. É melhor deixar que a vida corra. Mas para mim parece que já existiam duas Purezas: a primeira, da solidão, dos silêncios, das cigarras tristonhas, do rio lá embaixo roncando, da família do chefe da estação. Esta Pureza me dera horas de inteira dissolução de mim mesmo. Entregara-me a ela, dependera dela, sofrera e me amargurara. Esta Pureza dera lugar a outra, a outra terra, a outra gente.

Mudara a minha maneira de olhar o chefe Cavalcanti com o seu boné de letras douradas. Sempre que o via assim, lembrava-me do avô senhor de engenho, de uma decadência de geração. Antônio Cavalcanti se revestia aos meus olhos de uma grandeza que era a poesia de sua desgraça. Para um romancista seria um herói capaz de fazer correr lágrimas e provocar reflexões amargas. Hoje, quando via o chefe, pensava no Sapé, no sacrifício de Margarida, de Maria Paula, no martírio de dona Francisquinha. E no entanto quem olhasse para Antônio Cavalcanti, para os seus olhos azuis, quem não diria que ele fosse um homem de primeira ordem, rebaixado àquela condição por força das circunstâncias! O seu tipo humano era agradável. A conversa era a mesma, a conversa de um serviçal bem-disposto ao serviço.

Não sei por que achava Margarida com muita coisa daquele pai. O que era nela de físico, de cor, de olhos, era do pai. E aquela mansidão também. Aquele ar de displicência. Aquele jeito de conformação absoluta com o mundo. Tinha para mim que tanto valeria para ela Pureza como a melhor cidade. Aquilo seria uma doença da vontade, ou fora a hostilidade do mundo que ensinara à moça aquela subserviência e lhe dera aquela espécie de conformismo, uma tolerância com o ruim das coisas. A filha tirara do pai um pedaço do seu caráter. E quem sabe se ela não seria, se fosse homem, um Antônio Cavalcanti, amando o jogo, desprezando cinicamente a honra das filhas.

Espantava-me de ver Margarida não exigir nada de mim. Nunca que me falasse do que poderia ser para ela o dia de amanhã. Dava-me o seu corpo, todo o seu corpo. Só nessas ocasiões é que eu via como ela descia a ser humana, inteiramente humana. Fora daí, Margarida era outra. No dia em que lhe falei de sair com ela para uma terra em que pudéssemos viver juntos, não insistiu na conversa. Não fez planos como qualquer outra faria. Riu-se somente, com aquele mesmo riso simples, infantil, que tinha quando vinha ao alpendre pedir-me as revistas. Eu não conhecia mulheres, não tivera contato íntimo a não ser com Margarida. Mas devia haver nela muita diferença das outras. Não me parecia normal aquela indiferença vegetal pelo destino. Se lhe chegassem água às raízes, estaria tudo muito bem. As folhas reverdeceriam. Flores chegariam e dariam frutos saborosos. Se se esquecessem da água secaria ao sol, murcharia sem um grito, sem um berro. Era assim a mulher que me dera a vida, que me sacudira os nervos, que me forçara a natureza, conduzindo-a à ação. Vivera em Pureza pela superfície das coisas, vendo os seres por fora, olhando as coisas da terra como um crítico. Agora mudara tudo. O doutor do chalé entrara na vida da terra, fora procurar alimento para a sua existência fora do cheiro dos eucaliptos e da bondade de seus ares. Eu era do lugar como Ladislau, como Chico Bembém, como os pobres do alto. Falei anteriormente de que estava ali como uma parasita. Grudado a um galho de árvore, sugando substância e vigor da seiva da outra. E, de fato, florescera como aquelas orquídeas que via na mata, tirando de Margarida tudo o que me fazia agora um homem diferente do que fora. E vivera tantos anos longe daquilo que devia procurar como o essencial de tudo. Conhecera Margarida há um mês somente, e em trinta dias um homem recuperava daquela maneira o seu equilíbrio.

Tudo aquilo porém podia ser passageiro. Um dia, sem que nem mais, voltariam as obsessões, as angústias, as insônias. Nem queria pensar. Quando me atacava uma dúvida dessa ordem, dava para os meus passeios. Acompanhava o rio, descia com ele pelas sombras das ingazeiras, pelos bambuais que se espremiam nas margens. Não havia flores por ali. Uma ou outra que se perdia na intensidade do verde. Encontrava mulheres batendo roupa aos grupos. Juntavam-se para a lavagem. Vinham de longe, se reuniam atrás da água doce do rio e pelas cercas de arame estendiam as camisas e os lençóis, enfeitando aquela monotonia com os vermelhos e os azuis das colchas e dos vestidos de chita. As mulheres falavam, riam alto, e o bater das roupas nas pedras, nas tábuas, ecoava até longe. Elas me viam passar espantadas. Calavam-se, deixando que aquele intruso se fosse, para voltarem outra vez às gaitadas. Os filhos ficavam dentro d'água, quando não se danavam atrás das preás, dando gritos dentro da mata, como animais bravios. Para eles a viagem das mães, vindas de terras distantes, era uma grande aventura. Viajar léguas, acordar de madrugada para passarem o dia no rio, naquela vadiagem. Deixava o rio, subia para a linha de ferro, onde as chuvas tinham feito crescer pelas margens da estrada capim-verde que cheirava. Para o lado da Paraíba era o lugar mais bonito de Pureza. Embaixo da linha, a lagoa das Marrecas, coberta toda de flores. As flores-d'água, como o povo chamava, abriam-se por cima da água escondida, e as marrecas gritavam, voando de um lado para outro. Por ali vinham caçadores. De vez em quando um tiro de espingarda estourava no silêncio profundo, como um disparo de roqueira. Ia longe o ruído. O eco perdia-se pelas quebradas. Quantas vezes, nos meus dias de solidão, um estampido daqueles não me fazia estremecer de alto a baixo? Agora arranjara a espingarda do agulheiro Chico Bembém e andava passarinhando pela lagoa. O primeiro tiro que dei me fez mais mal do que às marrecas que voaram espavoridas. Não sabia o que era aquilo. Custei a me acostumar com os disparos. Fazia pontaria, ajeitava a arma, e quando puxava o gatilho, era como se arrancasse qualquer coisa de mim. Fui aos poucos me habituando. E a ganância de chumbear as aves desprevenidas tanto me distraiu que afinal já atirava sem o menor sobressalto. Foi aquele um dos meus passatempos favoritos. Acordava de manhã, leve de corpo. Quando não ia à mata, me botava para a lagoa das Marrecas. Almoçava, lia os jornais, via a passagem do trem das duas. A noite chegava logo e Margarida vinha estar comigo no quarto.

Era esta a minha vida. Melhor não podia desejar. Melhor, homem nenhum teria.

18

A AMIZADE DE DONA Francisquinha era a mesma no chalé. Não sei se ela percebera as minhas relações com a filha. Felismina certamente sabia de tudo, pois mudara completamente para com Margarida. Não podia perceber o que fosse aquilo na negra velha. Tudo no mundo que viesse para me agradar seria para ela naturalíssimo, contaria com o seu apoio, com a sua iniciativa. No Recife chegara a trazer-me recados de moças, e nas suas conversas, sempre deixava perceber que gostaria de me ver casado.

Vendo-me com aquela saúde que nunca tivera, devia estar radiante, confiada em seu Lola, como nunca. Mas rompera com Margarida, fechava-lhe a cara e, quando a moça vinha ao chalé, não lhe dava a menor atenção. Uma vez me falara com severidade das filhas do chefe, como de gente à toa, que vivia a dar desgostos à mãe. Pobre de dona Francisquinha com filhas daquele jeito. Se fosse com ela, teria botado para fora de casa, que filha desavergonhada não merecia outra coisa. Mãe como a mulher do chefe poucas no mundo para sofrer o que ela vinha sofrendo. Felismina opunha-se a Margarida. Mal sabia ela que toda a minha satisfação provinha da moça. Estou certo que, se ela descobrisse isto, mudaria. Eu é que não podia sair dos meus cuidados para falar dessas intimidades com uma criada. Teria de vencer com o tempo as prevenções de Felismina. Elogiava Margarida e Maria Paula. Viviam elas duas aquela vida triste de estação. Duas moças bonitas, isoladas daquele jeito. Mas a negra tinha sempre uma coisa para opor, para apresentar, que diminuísse as filhas do chefe. Para ela ali só prestava mesmo, de verdade, dona Francisquinha. Um anjo, um coração de ouro.

 Com a oposição de Felismina, as visitas de Margarida ao meu quarto ficaram raras. Teríamos que arranjar um meio de iludir a negra velha. Era difícil, porque Felismina pretextando a friagem do quarto de trás, viera dormir justamente na saleta que dava para a escada. Por ali Margarida não podia passar. Felismina fizera uma trincheira. Fiquei desesperado com essa intromissão da negra. Quis mesmo revoltar-me contra ela, mas medi em tempo as coisas. Há 24 anos que ela vivia com a minha vida regulando os seus dias, dando tudo que podia dar ao seu senhor. Para que contrariá-la, reduzi-la a uma condição mais humilhante, a ela que se elevara em Pureza? Parecia agora uma senhora, mandando nos outros, dando a todo o mundo a impressão de que mandava até em mim. Seria uma crueldade reduzir, por causa somente dos meus prazeres, Felismina que subira. Ao mesmo tempo lá de cima do meu quarto, na primeira noite que Margarida não veio estar comigo, tive o ímpeto de chegar lá embaixo e botar Felismina para o seu quarto. Queria Margarida, e ela que se recolhesse à sua insignificância de criada.

 Fazia mais de um mês que não me assaltava aquela impaciência, que o mundo não existia para mim como um suplício. Não conseguira pegar no sono naquela noite. Se Margarida estivesse comigo, como tudo seria diferente! Não estaria ouvindo o chiado daquele grilo, e o latido daquele cachorro se perderia por longe. E só porque a negra impertinente se metera lá embaixo, tudo isso começava a agredir os meus nervos daquela forma. Pensava que estivesse bom. O sono me vinha tão pesado que nem percebia os sonhos no outro dia, como era de meu costume. Horrível recordar os sonhos, com o que eles me revelavam de pernicioso. Depois de Margarida tudo isso se fora como por encanto. Só porque ela deixara de aparecer uma vez, tudo voltava, o ninho de cobras dentro de mim estava feito.

Olhava para a casa da estação, e a paz, uma grande paz caía sobre a casa de Antônio Cavalcanti. Dentro dela ressonavam quatro criaturas esgotadas pela miséria da vida. E talvez que Antônio Cavalcanti dormisse sonhando com o palpite para o jogo do outro dia. Nele nada ficava. Os seus nervos não tinham vibração, eram cordas bambas, não se agitavam. Margarida vinha do pai. Estaria dormindo sem pensar em mim, sem nenhuma saudade. Vira como ela me prevenira, com que serenidade me afirmara que naquela noite não poderia estar comigo.

E dona Francisquinha? Continuou a me tratar com a mesma subserviência, aquele sorriso de quem depende de outro. Como se rebaixara aquela natureza! Saberia ela de minha vida com Margarida? Fora ela quem prevenira a filha que Felismina iria dormir na sala de entrada. Seriam todas, na casa do chefe, do mesmo padrão? Mãe, pai e filhas insensíveis? Não queria pensar aquilo da pobre mulher. Felismina me dizia que o sofrimento da pobre mulher não se podia medir. E o sono não me chegava. Ontem estava convicto de que nunca mais me assaltariam aquelas noites terríveis que eram o meu tormento. E porque me faltava uma mulher, caíra tudo. Lembrava-me dos casos de cura, dos sujeitos curados do pulmão. Vinham rosados, bem fortes, do interior. Todo o mundo confiando na cura. Debochavam dos médicos. Aquele fora desenganado, e estava ali. Pronto para enterrar os doutores.

E lá um dia a notícia corria: fulano foi-se, esvaído em sangue. De repente. Confiara em mim. Há mais de trinta dias que me sentia um homem diferente, com outro corpo, outra constituição. Tinha às vezes essa impressão, quando me encontrava satisfeito, alegre, gozando as manhãs magníficas de Pureza. Decerto que estava com outro corpo. Só podiam ser outros os nervos, os músculos, o sangue. E agora via que era o mesmo. A insônia estava comigo. Viera me ver. Sondar a resistência dos meus nervos, sentir se eu era capaz de suportá-la.

Naquela noite a escuridão era compacta lá por fora. Levantar-me para olhar da janela, me desviar um bocado de mim mesmo. Olhar e ver era para mim um recurso de defesa. Enganava as obsessões com as imagens, com a variedade de imagens que me surgiam. Ali agora era só escuridão. Só as estrelas pinicavam no céu. No imenso céu que cobria a noite. A lua, não sabia por que, diminuía sempre o céu, reduzia-o. É porque a gente vê mais de perto as coisas que ela ilumina na terra. A terra é que cresce, se dilata com a lua de fora. Mas o céu com a escuridão é imenso.

A saudade de Margarida era terrível. Tudo fizera para fugir daquela ansiedade. Os morcegos chiavam nos sapotizeiros. Via os bichos cortando a escuridão. Só via mesmo o rápido cortar das asas, fazendo sombra dentro do meu quarto iluminado. Ficava com medo. Quem sabe se, pelas janelas abertas, não me viriam chupar o sangue? Aquilo era medo de criança, pavores da infância, recordações das histórias que Felismina me contara para dormir. Morcegos gigantes que chupavam o sangue dos homens a mandado do diabo. Margarida poderia estar comigo. Estaria com ela. Quando ela deixava o meu quarto para se recolher à casa da estação, ficava comigo uma segurança das coisas, uma paz absoluta. A carne era a grande coisa da vida. Que paz poderiam me dar as orações que Felismina me ensinara, as rezas, os santos, Deus enfim? Margarida me dera trinta dias de absoluta segurança. Vinha de sua carne uma vida que me completava, uma vida que se juntava com as minhas fraquezas para descobrir forças, enrijar o meu pobre corpo. Um corpo criado, alimentado por uma mãe morrendo, roída de germes.

 E eu não amava Margarida. Parecia que abstraía a mulher que ficava duas horas na minha cama daquela outra que muita coisa tinha do pai. Uma era a Margarida que me afagava os sentidos, que me esquentava a carne, alimentava o meu espírito, e outra aquela que eu via da janela da estação, olhando os trens, com os cabelos louros em cachos, encantando os passageiros. Por que não me identificaria com a moça, não a amaria em todas as horas e em todos os instantes? Por que separava uma da outra, não confundia tudo, não misturava as duas Margaridas e amava, como lia nos romances? A noite lá por fora era igual a todas as noites das minhas insônias. Uma inimiga horrenda, com gemidos, com sopros de vento, com latidos de cachorro, com o interminável de seus minutos. Ouvir o rumor do rio era para mim, muitas vezes, um descanso, um doce repouso, um embalo para os ouvidos. Estava ele lá embaixo roncando forte nas pedras, com o volume das últimas águas. Depois ouvi distintamente alguém passando por baixo dos eucaliptos. Levantei-me às pressas e não vi ninguém. Mas eram passos, passos de gente no chão da estrada de ferro coberto de pedra. Era Chico Bembém que ia com o farol para a agulha. E a porta da estação se abria. Algum trem de carga. Depois apitou um trem como se viesse do fim do mundo. Fiquei na janela. E observava de longe a luz que rompia a escuridão. Os faróis da máquina enchendo de luminosidade a noite compacta. E foi o bicho se chegando, se chegando. Seu Antônio, em mangas de camisa, falava com o condutor. A máquina chiava tomando água. Com pouco mais lá se foi embora, roncando dentro da noite, como um monstro de história de Trancoso. Na cama, Margarida voltou outra vez para os meus pensamentos. Daria tudo para tê-la ao meu lado. Felismina que se danasse. No outro dia não haveria consideração que me impedisse de eu ter a mulher nos meus braços. Vi-a como se estivesse no banho, espigada, com os peitos lindos, brancos, os quadris largos, a carne maravilhosa. Caía n'água, saía molhada, os cabelos pingando. Os cabelos louros por cima dos ombros. E fui assim adormecendo com a mulher a meu lado, com aquele jeito de entortar a boca, com aquela quentura de seu corpo.

E dormi até tarde. Nem vi o sol dentro de meu quarto, a claridade da manhã me procurando. Era uma manhã de dezembro, boa mesmo para gente feliz. O orvalho deixara os eucaliptos banhados. E dali da janela admirava os roxos dos paus-d'arco, florando na mata. Vinha-me um cheiro de mato, de pólen, de vida vegetal para dentro do meu quarto. O orvalho ajudava a procriação. Afinal de contas Margarida me dera uma coisa de que não podia fugir mais. Resistir a ela seria perder o equilíbrio, como naquela noite de que eu saíra. A vida anterior a Margarida era para mim um tempo negro, em que me debatia como um cativo.

Espichado na cama, não tinha coragem para nada. Um torpor de quem houvesse dormido demais me invadia. Ouvia Felismina na conversa na cozinha. Seria na certa Ladislau, que já devia estar por ali à espera do trem das nove. Cheguei à janela outra vez para olhar a vida, para me animar com a alegria das coisas. Antônio Cavalcanti estava de boné e havia gente esperando o horário das nove. Pureza movimentada. Felismina subiu para me falar:

— O que foi que deu em seu Lola, para acordar esta hora? Já estive aqui umas duas vezes e só ouvi o ronco. Só quem passou a noite dançando. É bom que o senhor desça para tomar café.

Ouvia a rabeca de Ladislau afinando as cordas. E com pouco mais a valsa da *Viúva alegre* gemia, ajudava a manhã de Pureza a me agradar. Tivera uma noite das que me chupavam o sangue. E mal acabava o café, bateu-me na porta o coronel Joca do Gameleira. Era a simpatia em pessoa. Ficamos no alpendre uns vinte minutos a conversar, à espera do trem. E o coronel falava. Ficara contente com a resolução do caso do moleque. Ele se livrara do compadre Zé Joaquim:

— Avalie o senhor que custei a convencer o compadre para não mandar aqui dois cabras arrancar o moleque à força. Falei franco com ele: Para isso não conte comigo, meu compadre. Fiz medo com o novo governador. Felizmente, logo no outro dia, os meus carreiros me deram a notícia. Zé Joaquim estava lá em casa. Para ele o resultado não foi bom. Me falou para que eu telegrafasse ao chefe de polícia da Paraíba. Convenci o compadre a abandonar aquilo. Veja o senhor que trabalho me dá esta chefia política.

Depois o coronel Joca me falou de Antônio Cavalcanti. Para ele o chefe era um homem bom, mas um infeliz:

— Não me dá trabalho. Aqui houve um outro, que o senhor não pode calcular o trabalho que me deu para botar esse bicho para fora. Não passava um telegrama pela estação que o meu adversário não soubesse. Soube depois que o safado comia para isto. O Antônio não é mau sujeito. Só não tem forças para as filhas. Elas fazem o pobre sofrer o diabo. Houve um tempo aqui que esta estação vivia na dança. Os filhos do Benvindo, do Trapiche, não saíam daqui. Numa farra dos diabos. Ah!, mas eu acabei com isto! Fui ao Antônio e em dois tempos ele deu cabo dessa canalha. Mas são as filhas. Os filhos do Benvindo foram para o Rio, onde estão estudando Engenharia, e as meninas parece que baixaram o fogo. O Antônio não é de hoje que aguenta esta vida. Vem de longe. Me disseram até que ele é de boa família.

O poste baixara. Chico Bembém de bandeira verde em punho, dando sinal para o trem que apitara bem de perto. O coronel se despediu e lá se foi de guarda-pó, muito contente, muito senhor de tudo que havia em Pureza. Ladislau já estava no seu ponto, de rabeca na mão. O coronel passou por ele e deixou cair a sua esmola. Sem dúvida que o cego lhe desejaria muitos anos de vida. Com pouco o trem entrava roncando. E a rabeca de Ladislau chorava para os passageiros a história de santo Antônio. Juntava gente junto dele para ouvir. A voz era rouca, mas comovia. Antônio Cavalcanti, de um lado para outro, dava as suas ordens de chefe. E, por fim, o horário das nove saía, com linha franca, para receber ordem de outro chefe.

Naquela manhã quis andar. E saí por um caminho onde nunca passara. Em vez de entrar na mata, contornei o lado esquerdo, fui andando pelas terras do coronel Joca. Eram terras de algodão, de pequenos roçados do povo. Encontrei mulheres de pano na cabeça, pegadas na enxada, outras na apanha. Os pequenos roçados embranquecendo, de capulhos abertos. E o milho seco com a cana arriada. Perto de uma tapera havia sempre um roçado. E gente no serviço. Sempre mulheres e meninos. Quis conversar, mas elas não tinham coragem. Era uma gente tão encolhida, de cabeça baixa, quando me via passar.

Fui andando até que dei numa palhoça mais estragada que as outras. Ficava mesmo na entrada da mata. E não havia roçado nas proximidades. Vi aí uma coisa que me arrepiou.

Uma mulher chegou-se para a porta. E não era mais que um esqueleto. Um esqueleto tossindo. Naquele ermo, naquela solidão, sem um ser humano por perto, senti medo daquela mulher. Não sei mesmo se era medo. Mas me ficou uma impressão de aniquilamento total. Para mim o mundo se reduzia a ela e a mim. Tudo era aquilo. A mulher me olhou, e os olhos eram como de chama, duas brasas saindo de dois buracos. Tinha me chegado para perto da casa e não quis recuar. Ela quase não falava, estendendo-me as mãos. Os braços eram duas tiras. E como se estivesse falando em segredo, me pediu uma esmola. Nada tinha para dar. E voltei para casa, aterrado. Seria na certa uma tuberculosa abandonada por ali, para morrer mais depressa. Mais embaixo, encontrei um homem que vinha do roçado. Indaguei-lhe pela mulher da entrada da mata:

— Ah! – me disse com a voz mais natural deste mundo —, é Calu. Foi rapariga muito tempo em São Miguel. Teve até com o coronel Leôncio do Congo. Entisicou há tempo e botaram ela pra fora, pra ver se fica boa. A gente aqui de perto manda comida. Mas está pra morrer. Tísica quando pega de jeito é assim mesmo.

Fui descendo para casa. Viera para Pureza há uns seis meses, por causa da tuberculose. A moléstia pegara minha mãe e Guiomar. Fora gerado por um ventre de doente. Guiomar, mais moça, fora antes de mim. E a casa da mulher não me saía da cabeça. Os olhos como duas brasas acesas. Aquilo era vida, o fogo da vida que resistia ao sopro da morte. Morreria na certa.

De dentro de uma tapera uma mulher cantava. O dia estava bonito. E sem dúvida que aquele canto vinha de um coração alegre, de uma vida bem dona de si. Mas era triste a cantiga. Nunca mais que eu me esqueça. Parei para escutar. Era a história de um homem que matara a mulher. Um canto de morte e de amor. Perto da casa havia um roçado de algodão com os capulhos abrindo. E uns pés de pinhão-roxo defendendo-a dos males do mundo.

Fui descendo. A tísica lá perto da mata roía, até apagar aquele fogo dos olhos da mulher. Tinha perdido o medo da tuberculose, em cinco meses afugentara de mim todos os pavores. Sentia-me com o corpo capaz de resistir a todos os ataques. E, de repente, voltava àquele dia em que o doutor Marques me apalpara e remexera por todos os lados. Tísico. O verso do poeta vinha-me maquinalmente à cabeça: "Ah!, como é triste ser tuberculoso!" Aquele poeta teria sentido a tristeza da mulher da mata, a tristeza de minha mãe morta aos 28 anos, da pobre Guiomar aos 7? O chalé, cercado de árvores boas, dos eucaliptos que me davam o cheiro de suas folhas, de mangueiras de galhos maternais, estava à minha espera. Eu queria me defender, me sentir ao lado de amigos, de conforto.

Felismina voltaria a ser a mãe extremosa que defendia os meus pés do molhado, que me dava xarope, que me adormecia cantando. O medo da mulher me fazia menino, um atribulado, um trapo. E tudo porque Margarida não viera passar umas horas comigo, porque faltara a carne que esquentava a minha vida.

19

O TREM DAS NOVE não viera. Ladislau voltara da estação com a notícia de que havia rebentado uma greve. Ele não sabia bem o que fosse aquilo. Seu Antônio falara ao povo em greve.

Mais tarde o chefe veio ao chalé e me falou. O pessoal da estrada se levantara. Dias antes ele soubera do movimento, fora avisado por um condutor. Eles estavam cobertos de razão. Então aqueles ingleses viviam no luxo, gozando a vida, e o ordenado dos empregados era o mesmo, há não sei quantos anos? Era a primeira greve que levantava todo o pessoal da estrada. Os cassacos não entravam, porque aquilo não entra no rol de gente. Era mesmo que cabra de bagaceira. Antônio Cavalcanti me falava no tom de quem articula com um adversário. Meio áspero. E quando lhe dei toda a razão, mudou, abrandou a voz. Há vinte e tantos anos que servia naquela estrada. Há vinte e tantos anos que não havia para ele nem noite nem dia. Só no trabalho. Eu ali estava bem vendo o que ele fazia. Do meu chalé pudera ter observado, dando passagens a trens, alta madrugada. E nem podia dormir com o telégrafo chamando de quando em vez. E ainda mais com responsabilidades, guardando valores, sujeito a um roubo. Aquilo não podia continuar como estava. O que valiam no dia de hoje 120 mil-réis? Um homem com as responsabilidades que ele tinha, com as preocupações daquele cargo, embolsar no fim de mês 120 mil-réis. Se não fosse a mulher, que ajudava com a vendagem daquele café, como poderiam eles passar? Cumpria os seus deveres, dava conta do serviço. E se amanhã morresse, a família não teria um tostão para o enterro. Esta é que era a vida. Trabalho, trabalho, e no fim de tudo a miséria. Por isso o pessoal se levantava. Venceriam.

Depois que se foi, Felismina veio conversar comigo:

— Quem ouvir ele falar – me dizia a negra —, não avalia o vaso que é.

E me contou as coisas miseráveis da vida de dona Francisquinha, os horrores, o vício do jogo, o relaxamento das filhas de Antônio Cavalcanti.

Ladislau ficara pela cozinha esperando o trem das duas. E quando soube que não desceria mais, não se conformou. Nunca havia acontecido um fato daqueles. Só na Sexta-Feira

Santa. O povo estava ficando doido. Felismina lhe explicou o que aquela palavra greve queria dizer. Mais tarde foi aparecendo gente para saber. O coronel Joca veio à estação se informar do que havia no Recife. E deu umas palavras comigo. Naquela estrada nunca sucedera coisa igual. Confiava porém no governo.

Mais tarde desceu gente para saber da coisa. A muitos tive que explicar. Nunca tinham ouvido falar em greve. O trem não corria porque os maquinistas, os foguistas, os condutores não queriam trabalhar. Tinham ficado em casa, com as mulheres e os filhos. Antônio Cavalcanti de instante a instante vinha me dar notícias. Na porta da estação juntava-se gente. E ele explicava, falava, contava as coisas. Do chalé eu observava os movimentos do chefe. O homem mudara completamente. E foi assim até de noite.

Margarida há três dias que não me procurava. À noite, as saudades do corpo dela atormentavam. Mas dormia, embora sitiado pelos sonhos. Quisera fazer Felismina voltar para o seu quarto, mas não tivera coragem. Para que destruir aquela consciência? Para Felismina o dever era aquele, me defender, fazer tudo pelo seu Lola. Para ela eu estava me perdendo com Margarida. Na noite da greve porém não me contive e saí. Tinha falado com Margarida de dia, e quando foi mais ou menos nove horas deixei o chalé para dar umas voltas. Felismina se espantou. Para onde ia eu àquela hora, com toda aquela escuridão? E debaixo do juá grande, perto da porteira, estive muito tempo com Margarida. Quase que não lhe via o rosto, mas sentia-lhe a carne pegando fogo, o seu hálito quente, toda a vida de seu corpo. Falou-me mais. Parece que com a escuridão era mais franca e mais direta. Confessou-me que estava com vontade de ir embora de Pureza. Sabia que a mãe não daria tanta importância a seu ato, como antigamente. A mãe perdia o amor. Gostava mais de Maria Paula. Dela não. O pai era o mesmo de sempre. Tudo era igual para ele. Queria deixar os seus, procurar outros, viver por fora. Estava aborrecida de tanta coisa igual.

Voltei para o meu quarto, bem à meia-noite. Vi Margarida entrar pelos fundos da estação. Em casa todos saberiam que ela fora se encontrar comigo. Teria mesmo dito à mãe, à irmã. Dona Francisquinha estava contente com as suas ligações comigo. Pelo menos eu pensava assim. Teria esperanças, porque a uma mãe de sua natureza não faltavam esperanças.

Do meu quarto, da janela, observava a estação. Margarida teria chegado, a mãe e a irmã se acordariam com a sua entrada. Precisavam saber de tudo. Aquela história de sair de Pureza não seria uma combinação, para ver se me pegavam? Para a família Cavalcanti a colocação de Margarida comigo seria uma vantagem. Quem sabe se não terminaria casando? Margarida sentira o meu ardor, a minha sofreguidão para me encontrar com ela. Devia compreender que eu era um escravo da sua carne.

Naquela noite, depois de três dias de ausência, encontrava-me com ela como se durante um ano estivéssemos separados. O fato estava ao alcance de qualquer observador. Não se precisava de grande perspicácia para se chegar à conclusão: o doutor do chalé ficara cativo da estação, da família Cavalcanti. Lá embaixo uma negra dormia na subida da escada para impedir que o seu senhor se perdesse. Mas todos esses pensamentos poderiam ser apenas suposições minhas. Margarida caíra na cama, e ninguém percebera a sua chegada. E sem se lembrar de mim, a não ser para contentar a sua fome, como eu contentara a minha. Dormi profundamente. Apenas alta madrugada ouvi rumores, gente conversando alto. De manhã acordei com Pureza em plena glória matinal de céu limpo, de árvores balançando ao vento e pássaros cantando. As cigarras se abriram para o sol e borboletas dançavam, enchendo a vista com suas cores.

Na estação vi soldados de fuzil. Haviam chegado uns praças para vigiar a ponte das Marrecas.

A vida em Pureza mudara completamente com a parada dos trens. Os dias ficaram mais longos. As duas grandes divisões do tempo haviam desaparecido. O silêncio não se quebrava mais com os apitos saudosos. E até o motor da bomba deixava de bater. O dia todo entregue à solidão do lugar. Ladislau vinha para a cozinha com a sua tristeza, com as histórias mais tristes deste mundo. A sua rabeca acompanhava as palavras fanhosas. Da rede do alpendre, às vezes eu adormecia com aquela melancolia me cercando. A estação sem gente. Só de vez em quando Antônio Cavalcanti pedindo notícias ao chefe de Timbaúba. O chefe de Timbaúba se comunicava com o outro e vinha mensagem: tudo ia na melhor forma. O ordenado dos chefes aumentaria em cem mil-réis.

Já me enfadava das conversas de Antônio Cavalcanti. E Margarida agora ia para a beira do rio, para um escondido, onde ninguém percebesse que ela me encontraria por lá. Por baixo de uma ingazeira, bem longe da passagem, ficávamos horas esquecidas. Só se ouvia mesmo o rumor do rio nas pedras da cachoeira. E a cantiga dos passarinhos. Mais de uma vez tenho dito que não era o amor o que me ligava àquela mulher. O amor devia ser mais alguma coisa que aquela necessidade, aquela precisão de carne, de prazer. Mas me entregara a Margarida.

O rio descia sereno, calmo, de águas claras e puras. Mais para um canto a profundidade dava para que ficássemos quase de cabeça coberta. Batíamos n'água como dois meninos. Dentro da mata como dois selvagens, me sentia completo, feliz, sem outra ligação com o mundo. Devia ser assim a felicidade de antes do pecado.

Deviam ser assim os amores dos primeiros homens, quando a vida corria com todo o seu fogo primitivo. Deus fizera mal em interromper aquele idílio que devia ser tão eterno quanto ele.

Muitas vezes, quando eu voltava para o chalé, que olhava para Felismina, que me ligava outra vez com os outros, com a desgraça da família Cavalcanti, que via dona Francisquinha pondo roupa ao sol, me vinha uma tristeza aguda, um desejo violento de romper com tudo, virar a minha vida em vida de bicho, ser somente daquele rio, que me refrescava com as suas águas, e de Margarida, que me dava tudo. O resto era de uma insignificância absoluta.

Aos poucos porém a realidade entrava, vinha como a luz do sol, vinha queimando, clareando tudo. E eu me achava infeliz em sentir que só uma mulher era capaz de manter a minha felicidade, que outra coisa, outro entusiasmo, outro amor, não me dessem força para viver. Ladislau era cego, perdera a mulher, e era forte, cantava, pescava. Como não seria feliz Ladislau, quando fisgasse um pitu escondido na loca, como não se sentiria cheio de vida, levando para casa uma dúzia de presas para me dar de presente, para levar ao coronel Joca? Fora de Margarida – que era a minha existência? Se a perdesse por qualquer forma? E era nisso que devia pensar.

Estava em Pureza há quase seis meses. Teria na certeza que procurar um jeito de escapar àquela ansiedade pela carne de Margarida. Era um vício. A mesma coisa que o jogo de Antônio Cavalcanti. Bem que Felismina se metera naquela saleta. A negra tinha pelo instinto a razão das coisas. Margarida me abrira um grande horizonte para a vida, mas me escravizara, me pusera entre grades, só permitindo que visse o mundo pela janela que ela me escancarara.

20

DE UMA COISA ESTAVA certo. Não seria mais aquele homem de asas cortadas, pobre inválido, sem outra certeza que a da morte. As coisas que me chegavam não seriam nunca como aquelas da Madalena, só no casarão que meu pai me deixara, vazio de tudo, como se tivesse mãos e não pudesse pegar, pés e não pudesse andar. Metera-se pelo meu sangue uma substância vital qualquer que lhe dera outra cor, outro calor. Como poderia suportar a solidão de Pureza no tempo que eu recordava, como de um passado longínquo? Felismina me disse um dia sem que eu lhe perguntasse nada:

— Seu Lola nem parece o mesmo.

Esta seria a opinião de todos que me houvessem conhecido. O físico criara consistência, podia se perpetuar, se transmitir. Ao mesmo tempo que me assegurava de tudo isto, vinha-me uma dúvida atroz. Se Margarida se fosse, que seria de mim? Não me voltaria o homem fraco outra vez? Lourenço de Melo não se entregaria ao medo da morte, às insônias, às obsessões? Agora em Pureza, nestes dias de greve, estes pensamentos desconcertantes me perseguiam. A solidão era cada vez maior.

Oito dias sem saber de nada. O mundo havia parado para mim. Os meus contatos com os seres humanos eram aqueles mesmos: Ladislau tocando rabeca, Antônio Cavalcanti confiando na vitória, Felismina trabalhando para mim, e Margarida me dando todo o suco de sua vida. Tinha a impressão que com pouco mais nada restaria daquele corpo que me alimentasse. Eu era no caso uma parasita florindo à custa de uma seiva que se esgotaria.

Fora dos bons instantes, ela me dava a impressão de uma coisa que nada valia, de uma insensibilidade total. E tinha pena.

Via-a no chalé, e era como se ela não existisse. Mas na beira do rio aquela inutilidade crescia para os meus sentidos, como alimento essencial. Se amor fosse aquilo, o homem mais feliz do mundo, os corações mais ligados, terminariam sempre os mais desgraçados. Às vezes ficava até com nojo de Margarida. Voltava do banho e deixava-a como a uma inimiga, com a ideia de nunca mais voltar a ela. Do que não podia fugir era da certeza de que mudara, melhorara, criara forças.

No dia em que o trem voltou a correr na linha, Pureza se movimentou. Chegando gente de longe, da povoação, para ver. Ladislau aparecera com roupa nova, como se tivesse vindo para alguma festa, e às nove horas apareceu o primeiro trem. Dizia o chefe que, com a vitória dos grevistas, havia terminado a greve. Fui ver o trem de perto, com uma alegria estranha. Há mais de oito dias que não sabia de nada. E aquele tempo insignificante parecia-me um século. Necessitava de ligações, de saber das tristezas, dos infortúnios, das alegrias dos outros. Oito dias sem conhecimento das batalhas, dos morticínios, dos bombardeios, do sacrifício da guerra. E tudo aquilo me fazendo falta.

O trem chegara embandeirado, a máquina coberta de folhas de palmeira. Fui olhar para as caras dos passageiros, ver gente, sentir a humanidade. Seis meses atrás, se eu pudesse me desprender da terra, ficar sozinho numa ilha de romance, seria um achado. E no entanto verificava que o meu semelhante me fazia falta. Ladislau tocara a sua rabeca com mais sentimento. Dona Francisquinha vendera o café com mais interesse. Margarida e Maria teriam encontrado uma cara melhor para mostrar aos seus fregueses. Antônio Cavalcanti passaria a ganhar mais alguns mil-réis. Fora uma decepção para ele. Tinham ganho, vencido a luta, e o aumento era aquele. Depois da passagem do trem, ele veio me falar, murcho com o resultado, com a revolta mais fria. A sua miséria continuaria com – mais vinte mil-réis.

E Pureza se reintegrara em sua vida. O coronel Joca, em conversa comigo, falou de política. O Borba queria trair o Dantas. Se ele fizesse isto, seria um ingrato. E no trem das duas seguiu para o Recife. O que mais lhe importava na vida seria subir ou descer no município, nomear delegados, dar as suas surras garantido. Se fosse ao chão, os seus carreiros não gritariam tanto em Pureza. Passariam a gritar os carreiros do outro chefe político. Antônio Cavalcanti ganharia mais vinte mil-réis para servi-lo a contento.

Após a partida do trem, enquanto o sol tinia de quente, fiquei do alpendre gozando a doçura da brisa que o nordeste me trazia. O gramofone da estação abrira o seu programa com a valsa da *Viúva alegre*. Lembrava-me da primeira vez que ouvira aquilo. Numa hora de mormaço como aquele. Dera-me uma tristeza de cortar o coração. Aquela música no meio das cigarras, dos pássaros, da paz de Pureza. Antônio Cavalcanti comprara aquele gramofone no Sapé, depois do jogo com o coronel embriagado. Entrara muito dinheiro, fizera danças, as filhas se espalharam com os dobrados da Casa Édison. E lá estava a máquina repetindo as suas façanhas, quebrando o silêncio de Pureza com a sua voz estridente, áspera.

Ouvia um apito de trem vindo de longe, de muito longe, como um assobio abafado. Sem dúvida algum cargueiro, subindo a ladeira do corte velho. A hora era boa para a gente sentir a doçura da vida. Estivera de manhã com Margarida, vira a passagem festiva dos horários, o triunfo precário de Antônio Cavalcanti, a satisfação de Ladislau, a cara dos passageiros. Ouvira o coronel Joca falar em traição de políticos. E quase no fim do dia aquele apito saudoso de trem e o vento camarada soprando. Felismina lá dentro falava com a cozinheira, dando ordens. Preparava o meu jantar. E a tarde chegando. O canto das cigarras aí caprichava mais. Uma ternura maior vinha das pobres cantadeiras. Magoavam mais.

O roncar do trem na ponte das Marrecas era mesmo que ser dentro de casa. Levantei-me para olhar e vi Antônio Cavalcanti de boné, dando ordens, falando com o condutor. Falavam tão alto que escutei a conversa. A greve vencera. Tiveram pouco aumento, mas os ingleses entregaram os pontos. Se não fosse o governo, teriam feito o diabo com os gringos. Ficava para outra vez. Havia esperança. Fazia gosto olhar o poente naquela tarde. O céu se enroscava de nuvens e o sol tirava efeitos, fazia brilhaturas, descobrindo cores de todos os tons. Por cima da estação o céu era um braseiro. Dona Francisquinha tirava os panos do coradouro e Maria Paula, com os cabelos pretos em duas tranças, chegava na porta cantarolando. Era bem diferente de Margarida. A comida que Felismina ajudava a fazer cheirava. Invadia a casa, desafiando o meu apetite. Maria Paula olhava para o mundo. Chegou para fora da estação, vendo o céu, sentindo a tristeza. Pensaria talvez no amor, no homem dos seus sonhos.

21

Foi assim, até que um dia amanheci com calafrios, dor de cabeça, sem coragem para me levantar. Felismina veio me chamar e achou que eu estava com febre. Um caso de gripe forte. Coisa que há quase seis meses não me acontecia. Aqueles banhos prolongados com Margarida teriam me feito mal. Seria no entanto um estado passageiro. Felismina se alarmou. Era assim sempre que me acontecia o menor incidente na saúde. Chegou-me logo um chá de sabugueiro e doses de acônito. Da cama não sairia. Ela não consentia que me levantasse. E assim tive que passar o dia inteiro no quarto, lendo um livro, revistas, explicando situações, resolvendo problemas.

De vez em quando me chegava a negra para saber como eu ia passando e me dar notícias das coisas. E aproveitou uma dessas ocasiões para falar de Margarida. Não era que fosse prevenida com a moça, mas dona Francisquinha lhe contara boas coisas de Margarida. Uma filha que só dava desgostos. Era toda o pai. E a negra detalhava a vida de Margarida, os seus amores, as suas erradas. Tudo vinha para mim, como para me precaver de um perigo. De tudo já sabia, mas deixava que Felismina falasse. Maria Paula era outra pessoa. Dona Francisquinha cuidava mais dela. Se não fosse aquele passo errado do Sapé, seria uma moça como as outras. Margarida botaria a irmã a perder. Tão boa, tão sem aqueles enxerimentos.

Depois que Felismina me deixou só, refleti demoradamente na vida de Margarida, naquela sua atração pela infelicidade. Um pai como o seu e uma mãe que não lhe queria bem. Entregava-se a mim, vinha para mim sem interesse de espécie alguma. Felismina se opunha, criara ódio à pobre moça. A própria mãe procurava a negra para diminuir a filha. Um destino traçado por uma fada impiedosa. E no entanto fora ela quem me despertara para uma vida que me escapava, para aquele incidente feliz de que me falavam os médicos. Não podia apoiar nenhuma restrição a Margarida. Por isso me calara, fechava a cara quando Felismina chegava com aquela conversa intencional. Se quisesse me agradar, mudasse de assunto. Ela sabia, descobrira a minha intenção de defender Margarida. Tanto assim que só agora com a minha doença é que voltara a bater no assunto. Calara-se quando me vira de cara fechada e falara-me de Luís. Não se esquecera do moleque. Bem que levaria para o Recife um negro como Luís, para criar como filho:

— A gente precisa de uma coisa para querer bem.

Aquilo era uma indireta para mim. A negra velha sentia-se com a atenção que eu dava a Margarida. Não poderia nunca compreender que força me viera da outra. Ela mesma ajudava a minha fraqueza com os seus dengues, com as suas cavilações. E a outra rompera, destruíra o homem fracassado que me atormentava.

Lá para a tarde ouvi o gramofone da estação no concerto. Entrava pela janela do meu quarto a fresca da tarde. E da cama eu via os eucaliptos balançando ao sopro do vento. O meu corpo quebrado pela gripe espichava-se, moído. E não sei como Maria Paula me apareceu no quarto. Não sei o que viera fazer. O certo é que a vi bem próxima de mim, falando, querendo saber como eu ia passando. Era outra coisa que não era Margarida. Os olhos pretos viviam molhados de uma volúpia imensa, pegou-me na mão, morna, mole, de uma carne macia. Naquela tarde com a modorra da febre, Maria Paula acendeu a minha luxúria. Sentia-a bem mais humana que Margarida, na voz, na simpatia fácil. Demorou-se assim ao meu lado até que dona Francisquinha e Felismina subiram e me vieram falar de remédios, de suadouro.

À noite, com a insônia, fiquei pensando na moça. Que valia aquela visita, com que intenção Maria Paula subira, viera ao meu quarto? Via-a sempre de longe, nunca vinha muito ao chalé, como Margarida no começo. Era mais da estação. E agora subira ao meu quarto, me pegara nas mãos, me olhara daquele jeito. Seria alguma coisa. E o fato é que não dormia por causa de Maria Paula. No fundo me achava um canalha. Dois dias atrás andara com a outra irmã, como um selvagem. E de repente me sentia de desejos pela outra, capaz de abandonar Margarida por Maria Paula. Por que Felismina deixara que ela subisse, me procurasse? Seria que a negra alcovitava uma contra outra? Não seria isso, estava certo. Dona Francisquinha falara-me da bondade da segunda filha com tanto ardor, que a negra achava natural que Maria Paula ficasse só no meu quarto. O sono não me chegava, e a irmã de Margarida estava comigo como em presença. O corpo não seria branco, a voz era mais doce, a carne mais quente. Naquela noite não ouvia nada, nem grilos, nem o chiar dos morcegos. A presença de Maria Paula absorvia a atenção de todos os meus sentidos. A insônia não me incomodava, não me intoxicava. Um corpo de mulher debruçava sobre mim. Era quente. Os olhos eram pretos e os braços me apertavam. Acendia a luz para ler, mas a leitura não podia com a sedução da mulher que estivera comigo. Se ela viera ao meu quarto, era porque se interessava por mim. Logo de manhã não haveria gripe que me segurasse em casa. Procuraria Maria Paula. Mas de repente chegou Margarida. Chegou com uma reprovação a todo aquele egoísmo. Estivera comigo há dois dias, dera-me o máximo, levantara um homem da sua meia invalidez. Fizera dela uma escrava como Felismina. Ambas a meu serviço, atendendo aos meus desejos, e de uma hora para outra passava-me para a irmã com a facilidade de um libertino. No íntimo me sentia livre. Havia muita coisa além de Margarida. Ela me ensinara a andar, mas me obrigara a um círculo, me limitara o tamanho do mundo. Dois dias atrás avaliava que fora de Margarida não haveria vida que me contentasse. E me chegava a irmã, mais bonita e mais moça, mais cheia de sexo. Veio o sono e sonhei com minha mãe naquela noite. Eu vinha com Guiomar pelo sítio da Madalena, e começava a chover muito forte. Minha mãe gritava para nós dois, com voz rouca: "Sai da chuva, menino!" Ela estava com um cachenê no pescoço e muito pálida. Eu e Guiomar tremendo de frio. Felismina vinha com um lençol branco para nos cobrir. E nada do lençol dar para nós dois.

E foi assim, até que despertei com o sol no meu quarto. Não sentia dores no corpo, a cabeça sem peso algum. Estava bom. Fora um acesso ligeiro. Felismina subira para dizer que eu devia passar o dia lá em cima. Embaixo havia mormaço e ventania. Da janela olhei para a estação, que se preparava para o trem das nove. Muita gente esperando o horário. Lá estavam Margarida e Maria Paula no mesmo lugar, à espera dos passageiros que lhes botassem olhares cobiçosos. As duas irmãs, as duas filhas de Antônio Cavalcanti, desafiando o mundo que passava duas vezes por Pureza. Reparei mais na caçula. Quando poderia pegar as suas mãos, sentir o seu calor, ver bem perto os seus olhos molhados? E fui ficando com aquela vontade, com aquele desejo que me absorvia inteiramente.

22

Não sei se Margarida desconfiava do meu entusiasmo pela irmã. Encontrávamo-nos com a mesma regularidade, mas sem dúvida ela percebera que qualquer coisa existia, porque uma ocasião me falou com mais seriedade em sair de Pureza. Não seria por mim, estava certa. Já se esgotara, sem dúvida, da vida que levava. Eu fora apenas um incidente, um pequeno incidente. Esta era a minha impressão. Talvez porém correspondesse à realidade.

Margarida me amaria? Que espécie de amor provocava uma moça triste, sem interesse visível pelas coisas? Achava-a tão estranha aos outros, tão sem sensibilidade que me espantaria se as minhas relações com a irmã viessem provocar nela qualquer transtorno. O fato era este: Maria Paula não me deixava, com os seus olhares e os seus sorrisos. Medindo as circunstâncias, eu chegara a uma conclusão triste: a irmã mais moça era quem me interessava. A outra começava a ser para mim uma obrigação, um dever. Lembrava-me de que um mês atrás esperava Margarida com sofreguidão, como um menino inexperiente, todo vibrando por ela. E de Margarida viera para mim a alegria mais completa que alguma pessoa me dera. Gostava daquela carne branca, como de coisa que não existisse igual no mundo. Pensava que tudo se resolvia naquilo, na atração, no prazer imenso e glorioso de meus contatos com ela. A situação de agora era esta: encontrava-me com Margarida, pensando em Maria Paula.

E foi assim até o dia esperado, ansiosamente esperado por mim. Estava na janela do fundo, quando avistei Maria Paula na porta do banheiro, fazendo sinal, chamando-me. Desci, fingindo a maior despreocupação, para desviar a atenção de Felismina. Fui até o alpendre, botei o chapéu e saí, como se fosse para os meus passeios do costume. Lá embaixo, na beira do rio, encontrei a irmã de Margarida. O meu coração batia forte. Uma emoção profunda me tomava todo. E Maria Paula parecia de uma serenidade absoluta, nem dando a impressão de que fosse aquela a primeira vez que nos encontrávamos. A manhã estava linda, de uma pureza de céu, de uma frescura de ar adorável. Entramos pela mata adentro. Uma mata sem a espessura da outra lá de cima, por onde entrava o sol e se via o céu inteiro. O rio corria aos nossos pés com a placidez de um amigo bom, sem correntezas, sem perigo. Ao começo não dei uma palavra. Sentia somente o corpo da moça junto do meu. Um desejo violento corria pelo meu sangue. E por ali, por onde estivera com Margarida, pelos mesmos recantos, fui-me entregando a Maria Paula, entregando-lhe tudo que tinha.

Andamos pegados um no outro. Bem que ela era diferente da outra. Tudo que sentia nela era bom, era melhor que em Margarida. Uma vida mais direta, mais fácil de se captar, vinha de seus olhos, daquela boca feroz. O amor de Maria Paula não se escondia, não se disfarçava. Desde que se olhava para ela, os seus olhos diziam quem era ela.

Voltei para casa inteiramente da irmã de Margarida. Aí eu podia dizer que amava mesmo. E melhor teria sido que fosse o contrário, que Maria Paula continuasse para mim o que fora a irmã, uma fonte de vida que sentia secar para as minhas necessidades. Como aquelas duas resolveriam entre si o meu caso, que luta terrível se desencadearia entre elas? Duas mulheres lutando por minha causa, pela posse do meu poderio de homem. Fora provocar uma divergência. Em casa, dona Francisquinha teria de opinar. Margarida começara. Maria Paula porém estaria com mais possibilidade de me prender. Sempre era um juízo deplorável o que eu fazia da família Cavalcanti. O fato porém era que havia provocado um conflito na casinha miserável da estação. Abrira entre as duas irmãs uma inimizade invencível. Preocupava-me essa história, como um caso de consciência. Era uma indignidade, um gesto de canalha. Embora ambas as irmãs já tivessem deixado por outras terras os seus casos. Agora porém eram minhas. Um bígamo, sem ao menos correr os perigos, sem desafiar os castigos da lei. Um bígamo que se aproveitara da miséria de Antônio Cavalcanti, da bondade de dona Francisquinha, da ausência de homens em Pureza. As duas correriam para os braços do primeiro que aparecesse ali. Apenas eu me servia de uma posição privilegiada. A Margarida estava devendo a vida, podia dizer sem exagero. O que adquirira dela valia por um mundo. E agora Maria Paula.

Visto de fora, o meu caso seria muito simples: um rapaz da cidade chegara ao mato, encontrara duas irmãs bonitas, dadas ao amor e se entregara às duas. Gozava, desfrutava o manancial. Mas não me parecia tão fácil resolver-me, pôr-me em dia com as minhas faltas. Margarida não poderia consentir que eu me passasse para a irmã. Tinha os seus direitos. Eu mesmo dava-lhe toda a razão. Vinha porém Maria Paula e eu não podia resistir. Era mais mulher que a outra. Dispunha de recursos insuperáveis, de uma força incomparável. Deixava Margarida com vontade de que ela não voltasse. E vinha de Maria Paula com sede e fome.

Assim foram-se os dias. Uma manhã acordei com um choro na sala de jantar. O que seria aquilo? Lembrei-me logo da manhã em que o moleque Luís fugira. E chamei por Felismina, que me apareceu para contar: ninguém sabia de Margarida. Dona Francisquinha estava em prantos por isso. Fora-se embora de noite. O chefe havia conversado com Aliança e Timbaúba, e nada chegara sobre a moça. Apareci na janela e vi Antônio Cavalcanti em mangas de camisa, em pé na porta. Rosado e gordo, olhando não sei para onde, sem ver nada. Talvez estivesse pensando na vida.

Fora-se Margarida. Senti-me então responsável pela desgraça da família. Até ali haviam vivido bem, com toda a sua miséria, conformados com a desgraça. Lá embaixo estava a mãe chorando. E ali em pé, absorto, sofrendo, estava o pobre marido, o pai infeliz. Borboletas entravam pelas janelas e o sol brilhava em Pureza. Ouvia o soluço de dona Francisquinha. Sem dúvida que ela viera chorar na minha casa porque sabia de tudo. Eu fizera a filha ganhar o mundo. Até aquele dia as duas moças haviam se conformado, levando os dias como podiam. Fora um crime, um crime tremendo o meu.

Fui assim para o café, consternado. Na cozinha dona Francisquinha conversava com Felismina, que a procurava consolar. Quem sabe se ela não seria feliz, encontrando um lugar para trabalhar, vivendo como uma moça de bem? A voz da negra era como um bálsamo para dona Francisquinha, amenizava aquelas dores de uma alma ferida. Fui para o alpendre e depois chegou Maria Paula com os seus olhos e sentou-se na espreguiçadeira. A mãe e Felismina falavam do destino da irmã, que se dera ao mundo para sempre, que se perdera:

— Mãe chora porque quer – me disse ela. — Dadá há tempo que estava para ir embora. Todo dia ela dizia isto lá em cima. Papai, sim, que não se importa. Se ela fosse morrer, está direito. Pode ser até melhor para Dadá.

E me olhava, era melhor dizer, me devorava com os seus olhos. Viera para me aliviar, mostrar que eu não tivera culpa nenhuma na fuga de Margarida.

Na tarde daquele dia chegou um homem me procurando. Um pobre velho. O cavalo estava amarrado na grade do alpendre e ele me deu as boas-vindas, muito humilde. Mandei que se sentasse:

— Seu doutor – me disse ele —, estou aqui para um incômodo. Soube lá no Coitezeiro que o senhor era um grande. Estou aqui sem conhecer o senhor. Mas pobre não pode conhecer gente de cerimônia. Vim pedir. O caso é com o meu filho. O menino é bom, é direito. Mas o diabo vem tentar os mortais. O menino fez uma desgraça, numa festa. Bem que a mãe pedira para que ele não botasse os pés na festa. Ele tinha lá um desafeto, que só vivia mesmo de briga. Palavra vem, palavra vai, e foram às vias de fato. A desgraça foi feita, e o menino anda aí pelo mundo, dormindo como bicho, escondido da gente. A mãe vive no choro dia e noite, querendo que o filho se apresente. Por mim ele já estava na cadeia, porque quem tem razão não deve ter medo. Ouvi falar no senhor. Lá no Coitezeiro o senhor de engenho está sem mando na política. Me disseram que o senhor tem força para o coronel Joca e é por isso que eu estou aqui me valendo do doutor.

Disse ao velho que relações tinha com o coronel. Não o conhecia de perto, mas falava com ele. E o homem se demorou na conversa, falou muito, elogiou o filho, que era de qualidade, e se foi. O coronel botaria a mão em cima dele e o júri faria o resto. Iria fazer um bem, consolar uma mãe.

A tarde estava ali, triste como sempre. O gramofone da estação cantava, mas não cobria a voz das cigarras. Ventava frio, e pela estrada de ferro passava um homem de enxada ao ombro. Um que voltava do trabalho, de pés no chão e roto. Aquela figura humana, naquele silêncio, só, isolada, voltava de dia de sol nas costas. E eu era um inútil, um explorador dos outros. Um nojo completo de mim mesmo me dominou. Aquele pobre velho andara léguas e viera pedir por um filho. Aquele outro sem dúvida teria em casa meia dúzia de filhos que viviam dele. O meu caso era este: eu vivia dos outros. Do que meu pai me deixara, de Felismina, de Margarida. Esta até aquela data se conformara com todos os lugares por onde a família Cavalcanti se arrastara. Conhecera-me, dera-me uma riqueza inestimável. E como um libertino me pegara com a irmã. Uma amargura me consumia naquele instante. Um vazio completo. Enfiei a cabeça na rede para não ver o mundo se consumindo.

A noite estava ali a dois passos, vinha chegando. E uma cigarra varava a solidão com um canto fino e longo. As outras se calaram para que uma só exprimisse toda a tristeza da terra. O gramofone parava. Aí foi que ouvi um apito de trem muito longe, um apito comprido, que se dobrava. Tudo se conjurava para me arranhar, me confranger. E o sino do povoado atravessava os partidos de cana, as várzeas, as ingazeiras do rio, chegava para mim com as suas ave-marias lentas. Contei as seis badaladas. Então Felismina chegou-se para perto da rede, falando-me do sereno. Aquele frio me faria mal, dava defluxo. A lâmpada de querosene já estava acesa na estação. E o trem de carga esperava pela máquina, que tomava água. Pensei outra vez em Margarida. Fora-se embora. Maria Paula ficava e a outra não teria mais importância. O velho me pedira para salvar o filho. Uma mãe deixaria de chorar por minha causa. O coronel Joca faria uma família feliz.

O jantar na mesa cheirava, esperando por mim.

23

Como de Luís, ninguém sabia mais notícias de Margarida. E a vida da estação se compôs admiravelmente sem ela. Era como se não houvesse existido. Nem dona Francisquinha, nem a irmã, nem o pai se lembrariam da outra. Era a minha opinião. Talvez errasse. Talvez a mãe suspirasse nas noites longas de Pureza, Antônio Cavalcanti tivesse as suas saudades e Maria Paula sentisse falta da companheira de vinte anos. Os passageiros dos trens teriam notado a ausência da loura. Todos se concentravam em Maria Paula. E a minha vida se consolidara de todo. A não ser as insônias inesperadas, de nada podia me queixar. Meses de vida, de reconstrução de um corpo que se sentia cada vez mais senhor de si. Tanto assim que, no dia em que me chegou no chalé um homem pedindo esmola para enterrar a pobre mulher tuberculosa de perto da mata, dei o dinheiro sem me abalar. Aquilo em outro tempo seria motivo para um incômodo sério, pavores terríveis. Tinha a impressão de que o mal da família não encontraria mais terreno nos meus órgãos. Felismina porém passara a implicar com Maria Paula, pondo defeitos. Daquela estação só mesmo dona Francisquinha. O mais para a negra não passava de canalha.

Resisti desta vez a Felismina, e Maria Paula vinha me ver no meu quarto. À noite, mal Felismina se agasalhava, ela subia e ficava até quando queria. No começo a negra velha sofreu. Vivia triste, sentida comigo. Mas o seu instinto de servir era tão forte que se conformou com o meu relaxamento. Dona Francisquinha devia saber de tudo. Antônio Cavalcanti me tratava com a mesma consideração. E tudo iria admiravelmente, se não fosse Chico Bembém.

É que o agulheiro se apaixonara pela filha do chefe, prometendo casamento. Maria Paula me falara do caso, achando graça. Bembém queria casar. Via o agulheiro com aquele andar firme, de cara fechada, e dei para comparar a vida dele com a minha. Maria Paula comigo, e um homem simples, cheio das melhores intenções deste mundo, querendo casar com ela.

Dona Francisquinha falou a Felismina da história, achando muito bom. Bembém parecia um sujeito da melhor qualidade. Não bebia, não jogava, tratava da mãe com todo o cuidado. Felismina concordava que Maria Paula não encontraria um homem como ele, mas a moça não aceitava a proposta. Não queria se casar com pessoa alguma. Fiquei impressionado com a história. Maria Paula recusava Bembém por minha causa. Se ela se fosse, me faria uma falta medonha. Em todo o caso vencera aquela impressão de que só Margarida me alimentaria a vida. Passara-me para a irmã e poderia passar para outra qualquer. Teria forças para o que quisesse. Quando Maria Paula deixou o meu quarto e não me chegou o sono, pensei nela com Chico Bembém. Na vida que se organizaria entre ambos, no correr dos dias do novo casal. Bembém devia conhecer a história da moça, e se prometia casamento, era sabendo que espécie de mulher era Maria Paula. Para ele, casar-se com ela seria uma grande coisa para a família Cavalcanti, porque se ele não fizesse aquilo, com pouco a filha mais moça do chefe estaria como a outra, solta no mundo. Bembém estendia a sua mão para um náufrago. E esta ação só poderia merecer os aplausos de todos os interessados. Antônio Cavalcanti tinha uma filha perdida. E um rapaz aparecia para lhe dar o seu nome, para fazer uma família. Continuar aquela gente.

Dona Francisquinha ficou desesperada quando soube que a filha não aceitava a proposta. Felismina me deu esta notícia censurando, dizendo o que ela sempre tinha para dizer das filhas do chefe. Era mais um desgosto para a mãe. No fundo eu ficara satisfeito com a resolução de Maria Paula. Bembém nada saberia das nossas relações. E eu não podia perder aquela companhia, a satisfação imensa que Maria Paula me dava. O que poderia fazer por ela? Muitas vezes me chegava o desejo de levá-la comigo de Pureza. Não tinha parentes para me justificar da atitude nem sociedade que me dominasse com a sua censura. Levaria a moça comigo, viveríamos muito bem. E quem sabe que grande futuro o destino não nos reservava? Pensar no futuro já era para mim uma conquista.

A minha vida se propagaria, sairia de mim um ser que fosse uma continuação. Pensava num filho. Isto de parar comigo, de extinguir-se comigo a minha gente, me alarmava. Por que não levava Maria Paula comigo e com ela não formava uma família? Pensava nestas coisas ao mesmo tempo que reagia com o pavor que tinha do que pudesse sair de mim. Seria um ser fraco, uma geração imperfeita. O que era o pai de Maria Paula? Um fim de família, um desgraçado. Há cem anos, ou menos, os avós dele apareciam em Palmares como os maiores da terra. Holanda Cavalcanti. E hoje era aquilo que se via:

pobres pessoas rebaixadas ao mais ínfimo. Os meus filhos seriam assim. Os meus netos cairiam mais baixo. Todos os meus planos de vida com Maria Paula se reduziam daquele jeito. E no entanto gostava dela. Podia mesmo dizer que amava Maria Paula. Com ela o amor não seria aquele instante de Margarida. Propagava-se mais, ficava nos seus olhos, na sua maneira de falar. Era alguma coisa mais que o seu corpo. Esta é que era a verdade. Maria Paula me dava mais substância que a outra. Quando ela deixava o meu quarto, ficava sempre com medo de que não voltasse mais. Ela se entregava com mais ardor que Margarida. Não me parecia aquela mulher indiferente, alheia a tudo, que só vibrava em determinados momentos. Margarida me dava a impressão de um ser incompleto, um ser a que faltasse um órgão qualquer. Ela, não. Vivia, estava a meu lado vivendo, dando tudo que podia dar. Margarida me descobrira e Maria Paula me amava. Para a outra eu fora igual a todos os outros que ela conhecera. Falando com toda a franqueza, talvez estas minhas sugestões não passassem de desculpas que o meu egoísmo procurava para se defender.

    Os meus dias mais calmos, mais tranquilos de Pureza foram aqueles que vieram da partida de Margarida até a história do casamento de Chico Bembém. Um mês de absoluta tranquilidade, com a vida correndo, como aquele rio lá embaixo, de leito manso, de águas claras. As implicâncias de Felismina tinham sido vencidas. Maria Paula me procurava e eu estava certo de que tudo andaria assim, até o fim dos séculos. Grande é essa segurança de tudo que nos traz a felicidade. Assim vivemos um mês inteiro. As chuvas não me deixavam sair de casa e, preso, isolado naquele chalé, nunca me senti assaltado de preocupações.

    Lia muito, acabara todos os romances que trouxera. *Judas, o obscuro*, de Hardy, apesar de toda aquela tristeza, a imensa tristeza do fracasso, do fracasso humano, não me abalou. Se houvesse lido aquele livro dos meus tempos passados, me teria dissolvido, me aniquilado por muito tempo. Não havia pessimismo que me contagiasse. Olhava a chuva castigando os eucaliptos, as águas descendo, a lama que me cercava, e tudo era para mim como se os dias fossem manhãs floridas, os campos como aqueles que Hardy contava na Inglaterra, belos campos por onde a mão do homem passara com o seu gosto, o seu amor.

Os trens chegavam em Pureza embaixo d'água. Apitavam de longe, e a minha imaginação ligava-os a navios perdidos no mar. Ladislau vencia as chuvas e estava na estação, como sempre, de rabeca em punho, comovendo os homens com a sua cegueira. Pureza era assim nos dias de chuva. As cigarras haviam se calado, os pássaros, apesar de tudo, cantavam. O silêncio era maior, e nas estiadas não tinha coragem de sair de casa. Passava pela minha porta gente molhada. O carreiro de São Miguel me aparecia de chapéu de chuva, com as calças arregaçadas. E Antônio Cavalcanti não tirava o boné naqueles dias. Ladislau vinha para o trem das nove e esperava em minha casa pelo trem das duas: Felismina dava-lhe almoço, e ficavam os dois na conversa. A negra não se esquecera de Luís. E falava com o cego a respeito do moleque.

Num daqueles dias de chuva chegou-me na porta um homem de capote, com uma carga de milho-verde. Era o velho, o pai do rapaz, por quem eu havia pedido ao coronel Joca. Trazia-me um presente. Não era nada demais, que valesse coisa nenhuma, me dizia ele. Era só para mostrar que se lembrara de mim. Fora até a velha quem mandara ele fazer aquilo. O menino se apresentara e o coronel Joca Antônio botara ele na rua. Mandei que entrasse, e Felismina veio com um cálice de conhaque. O homem bebeu, cuspiu para um canto. Pedi para esperar, até que a chuva passasse, mas ele não podia ficar porque tinha um negócio na rua. E foi-se.

Até que afinal fizera um bem. E aquele bem insignificante que fizera, crescera para mim no resto do dia, como se houvesse salvo uma grande parte da humanidade. Livrara um criminoso da cadeia. A mãe chorava dia e noite pelo filho perdido nas caatingas. Devia chorar muito também a mãe do outro que morrera. Talvez que não tivesse mãe e fosse um sujeito ruim de verdade. O fato é que fizera um bem e o sentia no presente do velho, na sua fala agradecida. Para todo o resto do dia aquilo me satisfizera de maneira absoluta. Quando falara ao coronel Joca, ele de princípio fora logo me atendendo, tomando todas as providências, mandando ele mesmo prevenir a família do rapaz. E me falara com azedume do seu adversário do Coitezeiro. Era um unha de fome. Ele, quando estava debaixo, gastava dinheiro com advogado para defender os seus cabras. Fosse perguntar ao doutor Eduardo do Itambé das defesas que fizera no júri para ele. O outro abandonava os cabras como bichos. Cada qual que se defendesse por si. Isto não era decente. Mas me atendeu. Daria ordens para o rapaz se recolher e no mais tudo correria por sua conta. Agradeci o favor ao coronel Joca. E agora, aquela carga de milho me confirmava o favor. Um pai atravessara a chuva, fora ao seu roçado escolher as melhores espigas, que me trazia ali em Pureza. E eu me sentia mais satisfeito que ele.

Fora assim um mês de grande vida aquele que sucedera à ida de Margarida. Maria Paula no meu quarto, Felismina conformada. Viera, porém, Chico Bembém oferecendo à família Cavalcanti uma saída. Dona Francisquinha achava uma grande coisa casar uma filha. Bembém era um pobre. Mais pobre do que ele não podia haver. Não era branco. Era um cabra como os cassacos, como os carreiros dos engenhos. De que valera a ela a branquidade de seu marido? Muito branco, de olhos azuis.

Margarida, de cabelos louros, estava no mundo, feito rapariga. Chico Bembém poderia dar a Maria Paula uma vida modesta. Chegaria mais tarde a chefe e um dia estariam vivendo como tantos outros.

Até aquela data Chico Bembém quase que me era um desconhecido. Pouco me aparecia no chalé, embora Felismina vivesse fazendo favores à mãe dele. Parecia-me um homem como todos os pobres daquela redondeza. Via-o com as duas bandeiras debaixo do braço, baixando o poste de sinal, servindo na estação como servente. A casa onde morava com a mãe estava acima dos casebres dos arredores. Em todo o caso era um cabra e no entanto desejava Maria Paula. A condição da família do chefe o animara na proposta. Uma filha no mundo e a outra como todos sabiam que estava. Saberia ele das minhas relações com Maria Paula? Todos na estação deveriam saber. Dona Francisquinha e Antônio Cavalcanti estariam bem certos de tudo. Agora porém a coisa mudava. Havia um pretendente que viria corrigir toda uma existência humilhada. Uma filha casada devia ser o sonho de dona Francisquinha. Vira-me passar de Margarida para Maria Paula. E quem sabe se não alimentaria a esperança de me ver preso à filha mais moça? Chico Bembém aparecera. Era um cabra. Não poria Maria Paula na vida folgada, mas se oferecia para marido. Dona Francisquinha sofrera tanto, sentira tantas dores, que aquele pedido do agulheiro lhe aparecia como uma sorte grande. E Maria Paula recusava. Ela sabia o motivo. E daí a hostilidade que nasceu na velha às nossas relações. A luta com a filha, as lágrimas, o desespero na casa da estação.

Maria Paula se abriu comigo. E chorou. Chorou muito. Não sei por que aquela fragilidade me fez uma espécie de prazer. Encontrava enfim uma criatura que era mais débil do que eu. Talvez fosse uma desforra. Vi a pobre no pranto e acalentei-a, dei-lhe coragem, falando-lhe como um forte. Compreendia tudo. A moça me amava. Da janela da estação ela vivia a comer com os olhos os passageiros, todos os dias, ora com um, ora com outro. E aparecia em Pureza um jovem rico, amante da irmã. Crescera os olhos, me conquistara, fazendo com que eu abandonasse Margarida. Que podia lhe valer Chico Bembém? Acalentei Maria Paula naquela noite e amei-a, fui dela com mais vigor. Aquela fraqueza me tocava, me despertara mais alguma coisa. E vi como ela se animou com as minhas palavras, fortificando-se com os meus carinhos. Aquela me pertencia. Mandava nela com mais segurança do que em Felismina.

24

Sabia que estava abusando, exorbitando de um poder que me diminuía, me rebaixava. E não voltava atrás. Maria Paula, agora que a mãe se opunha, não vinha à noite ao meu quarto. Saía para o rio, para se encontrar comigo às carreiras. Podia ter chamado a moça e dar tudo por terminado. Aparecera para ela um casamento, era uma coisa séria, não valia a pena perder tempo comigo, que nada tinha para lhe dar. E não procedi dessa forma. Pelo contrário, ficava do chalé a namorá-la, a fazer sinais, como um namorado de 18 anos. Dona Francisquinha deixara até de vir na minha casa. E com isso desesperou Felismina, que se inimizou logo com ela. A negra me falou com raiva do pessoal da estação, botando a culpa de tudo para cima das moças. Quem mandava ter filhas doidas, enxeridas? O seu Lola estava dentro de casa, quieto, e elas haviam desencabeçado o rapaz.

Fiquei até desapontado com a mulher do chefe em relação à negra velha. Aquela amizade dera a Felismina uma satisfação enorme. A negra orgulhava-se da branca que lhe mandava pedir as coisas. Ela auxiliava aquela gente de olho azul, ia à missa com dona Francisquinha, como iguais. E viera a dificuldade por causa do casamento de Maria Paula. Felismina devia ter sofrido muito a separação. Perdera o moleque Luís, fora à cama com o golpe. Por isso achava a negra velha diferente. As conversas com Ladislau eram mais compridas, e sempre que eu percebia qualquer coisa do que estavam falando, era para ouvir censuras ao povo da estação. Compreendi então que havia chegado a hora de partirmos de Pureza. As chuvas pesadas de inverno pegado de vez me encerravam dentro de casa. E com a separação de Maria Paula, com as preocupações que me vinham chegando, começavam a me enfadar aqueles dias eternos, aquelas manhãs enevoadas, aquelas tardes mortas demais.

Passava o dia inteiro sem estar com Maria Paula. E era como se fosse um ano. Impacientava-me, não fixava a atenção em coisa nenhuma, sentindo que me faltava um pouco de apoio. Com aquela chuva que não parava, não podíamos ir para a beira do rio. Via Maria Paula na estação, debruçada na janela, como um passarinho molhado. E ficava tempo esquecido no chalé, olhando-a através da chuva incessante. Vinha o trem das nove. Comecei a ter ciúmes daqueles passageiros que saltavam para falar com dona Francisquinha, tomando café. Falavam com Maria Paula também. Havia um condutor mais moço, um tipo amulatado e bonito, que sempre tinha qualquer coisa para contar. Terminaria arrastando a moça de Pureza. Margarida se fora assim.

Ladislau cantava na estação. Era como um hóspede de minha casa. Meu, não. De Felismina. Passava o dia no chalé, aguardando os horários. A negra tratava-o com uma consideração especial. O trem das duas chegava e saía debaixo d'água. Bembém ia para a agulha, metido no capote de soldado. E eu, do meu canto, observando tudo com minudência. Todas as vezes que ele passava por Maria Paula, parava para dar duas palavras. E num instante deixava a moça. Dona Francisquinha, com o tabuleiro armado, aguardava a freguesia. Com aqueles cabelos estirados para trás, aquele vestido de chita escura, a mulher de Antônio Cavalcanti me parecia odiosa. Ela que há bem pouco tempo era a mãe infeliz, o grande coração sangrando pela desgraça dos seres. Os trens passavam, o cheiro de carvão de pedra ficava por instante no ar e Pureza mergulhava, mergulhava era bem o termo, no mais fundo silêncio.

Foram-se as cigarras. Só alguns pássaros piavam, mais do que cantavam. Deviam estar nos seus ninhos, no quente de suas acomodações, esperando pelo sol, pelas manhãs claras, de céu azul, diferentes daquelas manhãs encharcadas, meladas de lama, de árvores tristes. Os eucaliptos parecia que estavam tirando castigo, debaixo d'água, de folhas pingando; mangueiras, sapotizeiros, tudo em recolhimento, aguentando as chuvas, os ventos do inverno, acumulando seiva para os dias de sol. Pureza me dava assim a impressão de suja, naquelas semanas de aguaceiro. Pela porta do chalé passava gente molhada, ensopada. Trabalhadores de enxadas no ombro se botavam para o roçado. Viam-se de longe estes seres humanos como bichos, pobres bichos que o amor dos donos nem defendia da chuva. Os próprios animais tinham telheiros e árvores onde se recolhiam naquele tempo. E os homens lá iam de enxada, para o trabalho, como se o tempo não existisse, como se chuva e sol não valessem.

Dava-me nessas ocasiões uma tristeza diferente daquela tristeza que se alimentava das cantorias das cigarras, que se nutria das belezas das tardes, dos poentes. A de agora estava em relação direta com Maria Paula que me fugia, com a infelicidade de Felismina, com os meus desejos contrariados. Pelo meu gosto, romperia tudo e botaria a moça dentro de casa. Era tão fácil, só dependia de mim mesmo. Mas me faltava a coragem, o ímpeto que me arrebatasse para aquilo. Chico Bembém um pobre, um infeliz, me perturbava a vida. Era que a família Cavalcanti ansiava pela legalidade. A velha dona Francisquinha queria a filha casada. Tudo viera de sua ambição de ver Maria Paula mãe de filho, dona de uma casa, embora a casa fosse aquele casebre de Chico Bembém, aquela miserável instabilidade, tão sem coisa nenhuma. Mas era casar, ser Maria Paula mulher de Chico Bembém. E por isso dona Francisquinha rompera com Felismina, abandonando o chalé, donde lhe vinham tantos auxílios. Que lhe importava a generosidade da negra? O que valia mais para ela era a filha, ver a filha sair do rol das perdidas, procurada pelos homens só com uma intenção: para o desfrute. Todo homem que ela via olhando para Maria Paula ela sabia para que fim. A filha não passava de uma mulher que se perdera, de quem todo o mundo queria tirar o seu pedaço. Eu também aboletara-me ali, e Margarida e Maria Paula foram propriedades minhas, sem que eu corresse risco algum da posse, do domínio sobre elas. Rico e moço. E no entanto me fizera de um infame aproveitador.

    Estes eram os meus pensamentos, enquanto não amanhecia um dia de sol, para me encontrar com Maria Paula. Aí todo esse analisar se consumia e só me restava a mulher de carne morna, de vitalidade agressiva, que me dominava violentamente. Maria Paula voltava dessas ausências com fome. A terra molhada e o rio barrento, nada impedia que nós dois aproveitássemos o sol, tirássemos todo o rendimento das poucas horas que passávamos juntos. Chegava em casa feliz. Por que então não punha aquela moça dentro de casa, não saía com ela para fora de Pureza, libertando-me de tudo quanto fosse convenção, dando a mim mesmo a maior alegria que era a de viver o mais perto dela possível?

Passava um dia com estas intenções e aos poucos afrouxava, se sumia a vontade, se desperdiçava a energia. Devia era correr de Pureza o mais breve possível. Porque Chico Bembém terminaria sabendo de tudo. Ele aceitaria uma situação de fato consumado, ia para os pés do padre com uma moça que tivera um erro na vida. Mas se conformaria comigo sabendo que a noiva fora daquele rapaz do chalé? Talvez que se revoltasse repugnando-lhe o casamento. Não teria ele desconfiado de Maria Paula? Não saberia por acaso quais eram as nossas relações? Pensava nisto e, para falar com franqueza, não tirava uma conclusão certa. Alguém me teria visto descendo para o rio. A mãe de Chico Bembém saberia de tudo e abriria os olhos do filho. Bembém queria Maria Paula e pouco se importava com o passado. O caso era que eu continuava a dispor dela como minha, coisa minha. No dia em que a moça me confessou que ia aceitar o pedido de Bembém senti um choque. A coisa mudava de figura. Estava beirando o adultério. Maria Paula me parecia já a mulher de outro, e quis recusar-me a um encontro com ela. Mas foi por um instante somente. Aquilo ficava só na vontade.

Felismina não se conformava com a nova ordem de coisas. Isolava-se em Pureza, ela que irradiara a sua sociabilidade. Andava nervosa, nunca vira a negra velha com aquele falar áspero, dando grito na cozinha, aborrecendo-se até com as coisas do Ladislau. Ouvi o cego se queixando. E a negra se desculpando, botando para cima dos aperreios da casa.

Eu sabia a origem de todos aqueles desmantelos dos nervos de Felismina. E me via culpado. O pessoal da estação cortara-lhe comunicação. Uma tarde falou-me mesmo que estava com vontade de voltar para o Recife. Aquele tempo de chuva aborrecia. E eram dias intermináveis. Às vezes o temporal cessava. O céu escuro, as árvores paradas, tudo como debaixo de uma expectativa, ansiando por qualquer coisa. Olhava para os altos, e o que via era a mataria verde. Dentro de casa não encontrava recursos de defesa. Era a mesma monotonia. Livros que me abalassem, que me forçassem a sair do meu caso, que fossem um instrumento de salvação, não acreditava que existissem. Tudo conversa, nunca um livro fora mais forte que as minhas debilidades, nunca me oferecera alimento ou luzes que me esclarecessem. A vida de Pureza ia ficando pequena, amesquinhava-se. Estava longe dos grandes dias da euforia, dos dias gloriosos com Margarida. Maria Paula, que viera como uma substituição fabulosa, restringia-se, cedia cada vez mais à ambição da mãe. Sentia-a impetuosa, cheia de fogo nos encontros que arranjávamos. Uma coisa, porém, me dizia que estávamos por pouco. Às vezes acreditava que não. Tudo seria impressão de desconfiado. Aquela mulher, de uma luxúria tão rica, tão substancial, não poderia fugir de mim.

O que me custaria chamá-la para dentro de casa e ficar com ela para todas as noites? Então compunha na imaginação uma noite completa com Maria Paula. Ficaríamos à tarde juntos, unidos. A chuva lá fora nos agradando. O apito do trem, o rumor do rio nas pedras, a paz da terra molhada, tudo parecia feito para o nosso serviço. Felismina preparava, ajudava, servia nós dois. E todo este sonho não podia ser, porque eu não queria, não tinha coragem de realizá-lo. Levantava-me da rede para ver se via Maria Paula na estação. Via Antônio Cavalcanti sentado, manipulando, recebendo despacho. Dona Francisquinha e a filha lá por dentro falavam de mim e de Chico Bembém. Era o cúmulo. Um pobre homem de pés no chão me fazendo sombra, tomando uma mulher que só poderia ser minha.

E as noites de insônia me chegaram pavorosas, verdadeiros monstros que me roíam, que me devoravam. Ouvia a chuva caindo nos galhos dos eucaliptos, pingando, horas seguidas. Levantava-me, tentava ler e os medos de nada surgiam. Medos da morte. A morte existia. A morte dos meus pensamentos, que só o amor arrastara de mim, voltava nas angústias que me afligiam. Embrulhava-me nos lençóis, mas os pés eram frios e as mãos frias. E todo o meu corpo vacilante, como uma haste que alguém sacudisse com raiva. Antes de conhecer Margarida fora assim. Noites dessas me martirizavam na Madalena. Eram elas e não as feras noturnas que chupavam o sangue dos homens, dos pobres infelizes, aos quais o sono não vinha cobrir com o seu manto protetor. Um grilo escondido em algum canto da parede gritava para mim, como um exército de inimigos. E eu, que dentro d'água do rio, com Margarida, com Maria Paula, revolvera tudo, me achara senhor do mundo, mais forte que todos os homens! Eu que pretendera corrigir a obra de Deus, feliz que era, como índio, como um selvagem! Naquela cama, duas mulheres me haviam contaminado da maior e da mais pura alegria. E o estrilar de um grilo crescia aos meus ouvidos, como se mil tambores rufassem em cima de minha cabeça. Um grilo, um nada, me reduzia a um desesperado, despedaçava a minha paz. Ouvia os passos de Felismina subindo a escada. Vinha me trazer o chá de laranja que ela sabia com poderes de me acalmar. Fingia a mais absoluta calma quando ela entrava. Lá debaixo a boa negra pressentira as minhas crises. Aquilo era da chuva, me dizia ela. Vinha da umidade da casa, do tempo, da friagem. Ela sabia a razão, mas disfarçava. Isso me dava uma impressão de inferioridade. Ouvia a negra falando, procurando palavras para me consolar, como se estivesse tratando com um menino. E eu no fundo sabia que Felismina me compreendia. Se ela pudesse, talvez me dissesse: "Olhe, seu Lola, o que está tirando o seu sono é a filha do chefe. Bem que eu não queria que aquela infeliz viesse aqui para dentro. Todo esse frenesi, toda essa agonia, é por causa da mulher, porque falta uma mulher. Chico Bembém vai tomar conta dela. Ela só presta mesmo para Chico Bembém."

25

Numa das últimas vezes que me encontrei com Maria Paula, ela me falou com franqueza. Pelo gosto não se casaria com Chico Bembém. Casava-se somente pelo gosto da mãe. Tinha dado tanto desgosto, a velha fora tão infeliz com as filhas, que chegara o momento de fazer alguma coisa por ela.

Estivemos juntos naquela manhã adorável de fevereiro. Fazia dois dias que tínhamos um sol de secar tudo, e Pureza criava alma nova. Sem lama, cercada de verde, com o rio roncando e o céu azul e os pássaros nas cantorias. Estivemos juntos e nos demoramos o mais que pudemos. Ouvi toda a história de Maria Paula e soube mais dos sofrimentos de dona Francisquinha. No dia em que ela soubera da fraqueza da filha, sofrera mais que da vez de Margarida. Nunca que Maria Paula se esquecesse daquele dia. A mãe se abraçara com ela, botara-a no colo como a uma criança e chorara, chorara tanto que ela pensara que aquilo já era uma coisa de doida. Nunca que se esquecesse. O pai queria Campina Grande e o doutor Franco lhe dera. Seria removido. Nunca vira homem mais bonito que o doutor Franco. Ele vinha de gasolina para o Sapé e ficava conversando com ela na sala, como noivos. Sua mãe a prevenira, Margarida estava dentro de casa como exemplo. Qual nada, não havia exemplo que servisse. Tinha 17 anos e queria amar o doutor Franco, pouco se importando com o resto. Os rapazes dos Reis que procuravam a estação eram uns puas, sem jeito de gente. O doutor Franco sim, que lhe parecia o homem dos seus sonhos. Era engenheiro, solteiro, falava em casamento. Às vezes ela pensava: como poderia aquele rapaz de carreira se casar com ela, uma filha de chefe de estação, com uma irmã no estado de Margarida? Pensava somente. Quando ele vinha, de tudo ela se esquecia. O doutor Franco trazia coisas para casa, agradava dona Francisquinha e dava muita consideração a seu pai. Ouvia o pai na conversa da estação falando do engenheiro como de um amigo. E todo o mundo dos Reis já devia saber o que era que o doutor Franco queria. A gasolina ficava parada na porta e o doutor Franco na conversa.

Um dia houve festa no Araçá. A família Cavalcanti não podia perder. O doutor Franco ia também. E foram todos na gasolina. A festa era na casa da professora, que dava uma dança. A casa estava cheia de convidados. Margarida e ela dançaram muito. E lá para as duas horas da madrugada o doutor Franco chamou-a para dar um passeio. Uma lua muito bonita clareava tudo, parecia dia. Andaram um pouco, de mãos dadas. Ela estava tão cansada de dançar. Sentaram-se na beira do caminho. Nunca ela se vira tão só assim com o doutor Franco. Tinha dançado muito com ele, e o homem foi ficando diferente, tão diferente que até teve medo. Depois ele agradou e foram para dentro do mato. Lembrava-se do lugar, que ficava bem perto dos bambus. Ali ela ficava brincando, menina, no tempo em que o pai era chefe do Araçá. O corpo amolecido pela dança se entregou. Não era dela aquele corpo. O doutor Franco ficara seu dono. Passara-se assim. Quando a mãe soube, foi aquele desespero de que já falara. E quando Antônio de Holanda recebeu o memorando de remoção para Campina Grande, quis dar uma festa de despedida para o povo dos Reis. Uma dança com as músicas novas que ele comprara para o gramofone. Dona Francisquinha porém não admitia mais festa nenhuma.

O pai sempre fora assim. Para ele as filhas não eram filhas como as dos outros pais. Podiam levá-las, explorá-las à vontade. A mãe sofrera demais. E por isso agora devia fazer o que ela pedia. Não tinha coração para negar. Parecia que Maria Paula quisera se despedir de mim, porque se entregava com tamanha impetuosidade, com tamanha força. Ao deixar-me porém marcou encontro para o outro dia, no mesmo lugar. Eu é que me sentia na obrigação de abandonar Pureza, no menor tempo possível. Fazia ali um papel infame. Felismina doida para voltar. Até de doenças se queixava, botando para cima da friagem.

E apesar de tanto propósito, eu estava com Maria Paula no outro dia, na beira do rio. E se Chico Bembém soubesse? Aí o medo falava. Confessar tudo é que é a grande coisa. Bembém podia descobrir. E ali dentro da mata me tocaiaria com a espingarda de caçar passarinho. Por isso eu não lhe mandara devolver a arma que estava comigo. E, antes de sair de casa, olhava para o lugar onde ela estava, para ter a certeza de que ele não a mandara buscar. Saía assim tranquilo para me encontrar com Maria Paula. Mas se Bembém dispusesse de outra, resolvesse me procurar de arma branca? Maria Paula me dissera que de nada o noivo desconfiava. Ela lhe dizia sempre que vinha para o rio tomar banho no poço grande. Então Bembém seria um bobo, um pobre-diabo inconsciente que não daria pelas coisas. Esta convicção me animava. Maria Paula se despedia de mim, disto estava certo. Tanto assim que eu já marcara viagem para começo de março. Quando ela soube chorou, pediu-me para não ir, para ficar mais tempo. O casamento seria em São João. Prometi-lhe. Mas no fundo sentia necessidade de fugir de Pureza. Devia levar em conta a doença de Felismina, os sofrimentos de dona Francisquinha e a minha vida que precisava se organizar de outra maneira. Precisava de coragem para me ordenar. Em Pureza recobrara cinquenta por cento da minha capacidade de homem. Precisava viver, botar para diante uma vida que dantes se arrastara como uma lesma. E no outro dia estava outra vez com Maria Paula, no mesmo amor, ouvindo os seus rogos para que ficasse. Havia Chico Bembém, havia o amor do outro.

E concentrei a atenção no meu rival. Dei para observá-lo. A vida dele era aquela dos da terra. Chamava-o para conversar com ele a pretexto de indagar qualquer coisa. Bembém falava com humildade, manso, de olhar baixo. Os olhos nunca fitavam com segurança e eram claros. A espingarda dele estava comigo há mais de um mês e não pedia. Com vergonha, pensando que me ofendesse com a lembrança. Quis saber da vida dele, e Bembém me contou pouca coisa. Não tinha que contar. Viera com o pai do Entroncamento. O velho era agulheiro, desde que a estrada se fizera. Morrera ali em Pureza e ele pegara o lugar. Cuidava da mãe, que sofria, com as luas, de dores de cabeça. Mas a conversa de Bembém não dava para muito. Calava-se e só fazia responder. Nunca viera dele a iniciativa de qualquer conversa. Quando não respondia, calava-se. Como era diferente de Ladislau. O cego, quando me pegava para falar, ia longe. Sabia história de todos os engenheiros, do povo e da povoação, das famílias grandes da terra. Chico Bembém podia ter nascido mudo, que o uso da fala não lhe faria falta. Por isso tinha medo dele. Ouvira falar no perigo dos homens taciturnos, dos homens silenciosos. Que não ocultaria um homem como Bembém, escravo de certos desejos, querendo uma mulher bonita, branca como Maria Paula? Se ele viesse a descobrir que a noiva estava à minha disposição, que era mais minha que dele, descarregaria contra mim toda a carga de seus ódios acumulados. Ladislau perdera a mulher, e cantava e tocava para os outros se deleitarem. A dor do cego não vencera a ternura do seu coração. Mas o coração de Bembém devia ser seco, duro. Mataria o primeiro que lhe arrebatasse o seu primeiro grande desejo. Por outro lado eu observava as coisas com mais vantagem para o caso. Bembém sabia que Maria Paula fora de muitos homens, que se entregara de estação em estação. Sabia de tudo e queria se casar com ela. Casar sabendo de todos os passos errados da moça. Um conformado.

Uma manhã porém tive oportunidade de conhecer quem era o agulheiro de Pureza. Ele servia também em todos os trabalhos da estação, fazendo bagagens, arrumando as mercadorias nos carros, limpando etc. Estavam naquele dia descarregando açúcar, não sei de onde, quando ouvi uns gritos de alteração. Levantei-me para olhar. Era Chico Bembém discutindo com um carreiro. Vi o homem transfigurado, aos berros. O carreiro fizera qualquer desfeita, e Bembém chamava ao homem de nomes horríveis. Descesse do carro para apanhar. Ali não estava em bagaceira. Foi quando Antônio Cavalcanti, para acabar com a briga, gritou para os dois. Não queria barulho, fizessem os seus serviços. O carreiro calou-se, mas Bembém me surpreendeu continuando. Admirei-me daquele homem, que me parecera incapaz de erguer a voz, se portar com aquela agressividade. E ficou falando, resmungando por muito tempo. Depois que os carros saíram da estação chamei Bembém para saber o que houvera. O homem se abriu: aqueles cabras estavam que ele aguentava grito. O chefe podia aguentar, ele não. Depois Bembém calou-se, voltou a si, contando-me que não era a primeira vez que os carreiros chegavam à estação querendo abusar.

Ladislau à tarde comentou com Felismina a briga de Chico Bembém. Conhecia aquele menino desde que chegara em Pureza com o pai. E sabia do gênio dele. Gênio de cascavel. E não havia quem dissesse, vendo a mansidão com que ele falava. Felismina criticava o gosto de Bembém: casar-se com uma doida como Maria Paula, uma moça de cabeça virada. Ladislau achava que não. Toda mulher era assim mesmo. A dele parecia uma santa. Todo o mundo lhe gabava, quando ele pediu a menina em casamento. Todo o mundo vinha lhe dizer: "Ladislau, você encontrou uma santa. Ladislau, Joana vale ouro." E sucedera o que sucedera. Mulher era assim mesmo. Melhor era fazer como ele estava fazendo agora. Quando não prestava, que se danasse para os infernos. Felismina tinha outra opinião. Da sala de jantar eu escutava a conversa dos dois com interesse. Por fim o cego se foi para a estação esperar o trem das duas horas. Naquele dia não estive com Maria Paula. E já sentia falta. Ela estava na janela, bonita cada vez mais. E o Chico Bembém, com as duas bandeiras debaixo do braço, parou para lhe falar. Dona Francisquinha preparava as xícaras no tabuleiro, o carteiro de São Miguel botou a mala do correio debaixo do braço. Uma ou duas pessoas esperando o trem. Um sujeito chegou-se para Ladislau e pediu-lhe alguma coisa. O cego afinou a rabeca. Em seguida cantou. Cantou tão alto que a cantiga me chegou aos ouvidos. Era uma das histórias mais queridas de Ladislau. Já ouvira aquilo centenas de vezes:

> — *Deus vos salve, senhor rei,*
> *E vossa coroa real.*
> *Vossa filha Claralinda*
> *Com Felizardo vi brincar*
>
> *Debaixo de um arvoredo*
> *Num formoso roseiral.*
>
> *Da cintura para cima*
> *Sete beijos lhe vi dar.*
> *Da cintura para baixo...*
> *Aqui quero me calar.*

Os homens da estação abriam na gargalhada.

Então o rei indignado com aquela indiscrição do homem que viera falar dos amores escondidos de sua filha, na frente da Corte, disse para o mexeriqueiro:

> — *Se me contasses às escondidas,*
> *Alvíssaras te havia de dar.*
> *Mas assim às vistas claras*
> *Vou mandar te degolar.*

A rabeca de Ladislau se humilhava, para que a voz do cego se exprimisse, para que a história se fizesse bem entendida. Eram as suas duas histórias mais preferidas. A do pai de santo Antônio e aquela de Claralinda. Com pouco o trem apitava e todos se preparavam para receber o horário. Bembém apresentava a bandeira verde e Antônio Cavalcanti ficava em pé, no seu ponto de todo dia. O maquinista lhe dava um papel. E Pureza entrava em agitação de cidade. O tabuleiro de dona Francisquinha cercado de fregueses, Maria Paula na conversa com o tal condutor amulatado. A máquina chiava na caixa-d'água. Com pouco mais o apito de partida se ouvia e o trem deixava Pureza entregue ao seu destino. Ladislau ainda voltava para o chalé. Felismina dava-lhe o jantar, e o cego falava de outras coisas. Às vezes voltavam ele e Felismina ao mesmo assunto, como se não houvessem tratado dele. E as palavras dos comentários eram quase as mesmas. Felismina se queixando de dores. E aquelas queixas ela fazia em voz alta, para que eu as ouvisse. Ladislau aconselhava mastruço pisado, bem em cima da dor. Era coisa que não falhava. E se não passasse, experimentasse uma reza. A mãe de Bembém tinha uma boca de anjo para isso. Vira muita dor de dente, muita dor de cólica desaparecer de sinhá Guilhermina. Por fim o cego saía e no mesmo lugar de sempre me tirava o chapéu, com um "Deus guarde a vossa senhoria".

Felismina calava-se e o chalé ficava entregue ao silêncio. E eu começava a pensar. Vontade não me faltava para arribar dali. Com a disposição em que estava, seria fácil viver em qualquer parte. O casarão da Madalena me esperava. Lembrava-me do sítio, das mangueiras, dos jambeiros, do meu jardim, que Joaquim tratava há vinte anos. Os pés de acácia amareleciam em dezembro e eram aquelas maravilhas, aqueles cachos de ouro claro se derramando, caindo no chão. Os meus jasmineiros cheiravam de abusar, e eu nunca havia gozado daquelas coisas. Agora não. Devia voltar. Voltar logo. Estivera em Pureza mais de sete meses. Aqueles dias de chuva, aquelas noites de escuridão, de rumores da noite, me asfixiavam. O meu sítio da Madalena, todo tratado, todo limpo. O caramanchão coberto de buganvília florindo, com aquele vermelho do flamboaiã. Não havia dúvida que era a saudade da Madalena. Voltaria para lá. Felismina ansiava por lá. Perdera o encanto por Pureza. Rompera as suas amizades. E por que não voltar? A minha casa era um encanto de casa. Poderia vencer todas as minhas idiossincrasias.

Venceria tudo. Perderia o medo de tocar naqueles móveis que foram de minha mãe. O quarto dela vivia fechado. Mandaria abrir as janelas do casarão para que o sol entrasse por todas as partes. Aquela minha casa parecia aos outros uma casa de mortos. Nada de mortos. Queria viver. Quando passassem de bonde pela minha porta, não apontariam para o casarão da Madalena como para uma coisa abandonada. Seu Joaquim teria de plantar muitas roseiras, descobrir mais plantas, cobrindo os meus muros de trepadeiras, como as que eu via na Pensão Land.

Fui para o jantar com a cabeça virada pelos meus planos. Felismina me servindo se queixava das dores da friagem. E eu lhe falei em voltar. Seria em breve:

— Eu bem sabia que seu Lola já estava aborrecido disto.

E riu-se satisfeita. Pensava que eu estava aborrecido daquilo. Era mentira minha. Pura mentira. Depois do jantar, dei umas voltas pela estrada de ferro, coisa que poucas vezes fizera àquela hora. Fui andando com a lua que estava clareando tudo. Andei até longe, passei pela ponte das Marrecas e avistei a lagoa, calma, com as baronesas cobrindo-a como um lençol espesso. As casas dos cassacos com as lamparinas de querosene e alguns deles pelas portas, sentados com as mulheres. Seriam sete horas no máximo. E parecia noite alta. Pouco antes, em casa, pensara no meu palacete da Madalena. Na alegria que poderia criar pelas suas salas, pelas suas roseiras, pelas suas árvores. E, andando à toa, fui me sentindo muito só, muito incapaz de tudo. Invejava os casebres, os pobres do alto. Invejava tudo. Podia parecer uma safadeza minha confessar semelhante coisa, eu que era rico, que dispunha do que desejava. Muito bom um sujeito qualquer, cheio de conforto, cheio de todas as vantagens, desejar a felicidade dos pobres, que viviam como porcos. Puro disfarce, malandragem.

A lua caminhava no céu dentro de nuvens, escurecendo a noite. Com pouco mais voltava a clarear. E tudo recobrava aquela poesia que a lua dá às coisas. A casa de Bembém estava ali. A mãe rezaria. O filho refeito da raiva da manhã, estaria no ponto do sono. Dormiria até o dia seguinte sem que nada deste mundo o perturbasse. Podia sonhar com a noiva bonita, podia sonhar com os palácios de que Ladislau falava nos seus cantos, na grande ventura dos príncipes. Mas no outro dia de manhã Chico Bembém era o mesmo homem, senhor de si, forte, capaz de se opor à vontade dos outros. Antônio Cavalcanti, neto de senhor de engenho, podia ouvir desaforos de cabra de bagaceira. Ele não. Era manso, falava com a vista no chão, mas quando o feriam, Bembém virava uma cobra, era homem para o que desse e viesse. Passei bem defronte da casa dele e tive vontade de saber como viviam ali dentro. Não resisti. A velha Guilhermina estava cosendo perto da lamparina e Chico Bembém havia saído para a povoação.

26

Fui ficando em Pureza, marcando viagem e adiando sempre. Felismina conformara-se e não reclamava mais. Desde que ela percebera que eu era feliz, renunciara aos seus desejos, às suas necessidades. E Maria Paula continuava comigo nos mesmos encontros. É verdade que espaçando mais, demorando de um para outro. O casamento seria em junho. Estávamos em meados de abril. Quando a chuva não impedia, havia sempre pretexto para um encontro comigo.

Não sei bem se compreendia com exatidão Maria Paula. Margarida eu a compreendia. Pela aproximação que fazia dela com o pai. Toda aquela ausência, aquela indiferença, eu encontrava as origens delas em Antônio Cavalcanti. A matriz estava às minhas vistas. Maria Paula porém não seria tão fácil assim de classificar. Confundia-me essa variedade, essa complexidade da natureza humana. Um ser simples, uma moça criada numa estação de estrada de ferro, sem letras, sem contatos, sem vida complicada e tão difícil de conhecer. Porque cada dia que se passava, mais a moça variava, era outra. Só o amor a deixava domada nos meus braços. No mais era aquela variedade, não se mantendo no mesmo plano do dia anterior. Ora desmanchava o casamento com Bembém, ora atenderia à mãe, ora estava de uma alegria esfuziante, ora triste com lágrimas nos olhos, quando falava na minha partida. Uma mulher assim perturbava qualquer avaliação. Só sei que junto dela me deixava levar, conduzir pelos seus humores. Não tinha força capaz de dar uma direção. Já devia estar no Recife, com outras preocupações. No entanto, quando ela da estação me fazia um sinal para o encontro, eu ia para a beira do rio como se aquele fosse o primeiro. Amava de fato Maria Paula. E por que não pegava naquela moça e não resolvia tudo a meu modo? Vendo de fora a situação, eu me sentia responsável, uma pobre natureza, desprovida de ânimo.

E assim fui vivendo, até o meado de abril. Via Bembém e confiava na ingenuidade dele. Sempre que passava por mim tirava o chapéu, respeitoso. E agora, confiado na conversa que eu puxara com ele, na manhã do barulho com o carreiro, vinha ao chalé dar dois dedos de prosa. Traía miseravelmente aquele pobre homem. Quando ele parava no meu alpendre, me sentia como se estivesse com uma vergonha exposta. Tinha medo. E parece que aquele perigo me aliviava da canalhice que eu cometia. Bembém podia me matar. Eu beirava um abismo. Bulia com cobra. Esta sensação de perigo me libertava a consciência. O outro era capaz de me mandar para os infernos. A mãe dele estava quase todos os dias com Felismina. Depois da briga com dona Francisquinha, a negra se aliara com a mãe de Bembém, que rezava as suas dores com galhinhos de vassourinha verde. Às vezes eu percebia a conversa das duas na cozinha, e era sempre de dona Francisquinha que falavam. Uma censurava o povo do chefe, a outra ajudava. O filho ia se casar com uma moça contra a vontade dela. Todo o mundo sabia que Maria Paula não era mais donzela, que vivera com um homem no Sapé e por toda parte onde andara. Felismina calava a boca quando chegava aí. Tinha receio de que a companheira desconfiasse das minhas relações com Maria Paula. Se aquilo chegasse aos ouvidos da mãe de Bembém, o seu Lola podia sofrer alguma coisa. Melhor era calar. E dizia mesmo a velha Felismina: Bembém daria jeito na moça. Na casa do chefe só faltava mesmo um homem. Felismina assim me defendia. Ela sabia ao certo que os meus passeios à beira do rio tinham a sua razão de ser.

Vinha notando Felismina acabrunhada, mais bamba. O acesso de erisipela repetira-se uma vez com mais benignidade, e ela nem deixara os serviços de casa. Mas a negra caía aos poucos. Logo que chegasse ao Recife, a levaria ao doutor Marques. Tudo faria para vê-la forte e robusta. Ela podia andar por sessenta e tantos anos. Viveria muito ainda, tempo teria para me servir.

Uma manhã acordei pensando em Luís. E aquele pensamento me parecia um resto de sonho que ficara comigo em plena consciência. Não sabia explicar bem isto. Restos de sonhos que ficavam na minha cabeça. Acordava, ia ao banho e aquilo como um fiapo grudado, sem querer sair. Quando era uma coisa desagradável, procurava expulsar a recordação e vencia. Se não era, consentia que a lembrança ficasse comigo. Talvez que houvesse sonhado com Luís, e o moleque me acompanhou até a mesa do café. Aí Felismina, por uma coincidência curiosa, me falou dele. Tinha sonhado que Luís voltaria para o chalé. Nada quis dizer à negra velha, para não impressioná-la. Sonhara com ele quase toda a noite. A negra boa e generosa. Era um filho seu perdido no mundo. E no entanto estivera conosco uns três meses no máximo. Felismina não perdera a esperança de encontrá-lo no Recife. Uma ocasião falou-me em levar um moleque como Luís quando nós fôssemos embora. Lá no alto havia uma mulher que lhe prometera um filho. A mesma que dera dois meninos para gente de São Miguel. E estava ainda com três de resto. Viera oferecer o negrinho a Felismina. Fiquei triste naquele dia. Vi o negrinho nu, de barriga grande, e a mãe esfarrapada, com os olhos roídos por uma doença esquisita. Olhos vermelhos e sujos como duas postemas. O moleque só podia ser um doente. Os outros dois, do mesmo tamanho, como se fossem gêmeos. Todos feios. Felismina porém daria a resposta depois. Mas ali mesmo deu de comer aos meninos e foi buscar um vestido seu para a mulher. Comeram como famintos, metendo os dedos na boca, devorando tudo como animais, desacostumados àquilo.

Quando saíram, de tarde, começava a chover. Naquela manhã não me encontrara com Maria Paula, e a tristeza pegou-me de cheio. Fiquei doente, infeliz. Felismina notara. Tanto assim que me procurou, para consolar: aquela mulher bebia, viera de longe assim e vivia por ali à custa dos outros.

A negra queria, com aquilo, me dar uma explicação da desgraça que estivera conosco. Scm dúvida que Felismina procurava consertar o mundo. Só acontecera aquela miséria porque a mãe bebia, não cuidava dos filhos, desprezava a vida. A negra velha queria Luís. O seu amor fugira e ela ainda o encontraria. Naquela manhã em que lhe falara do moleque, senti a sua alegria estampada no rosto, a sua satisfação em verificar que eu também desejava o moleque.

Desde a ocasião em que repelira uma censura dela a Maria Paula a negra não me tocava mais na moça. Respeitava-a. Ela compreendera que havia um poder mais forte do que o seu junto de mim. Era inútil desafiá-lo. E deixava assim o seu Lola entregue aos feitiços.

Maria Paula e eu estávamos como se não houvesse tempo correndo. Casamento marcado para junho, abril se findando, e a nossa vida no mesmo. É verdade que Bembém me preocupava continuadamente. Maria Paula não temia o noivo. Quando falava dele era como se não existisse. Advertira-a eu mais de uma vez da nossa imprudência em andarmos pela beira do rio, desafiando a curiosidade dos outros. O que nos salvava era que Pureza vivia isolada do mundo. Não tínhamos gente que nos olhasse, que batesse com a língua. Em todo caso não deixava de ser imprudência o que fazíamos. E Bembém vivia no seu serviço, mas aquelas saídas de Maria Paula, quase todos os dias, não o intrigariam? Comigo ele se mostrava o mesmo, até me procurando com assiduidade. Não seria aquilo uma tática do homem? Verificava porém que um disfarce dessa natureza seria demais para um homem da feitura de Bembém. Um homem que vira aos gritos, fora de si, na manhã da discussão com os carreiros, não teria aquela maneira requintada de luta. Bembém no fundo confiava em mim e confiava em Maria Paula. Seria um louco? Da minha rede notava tudo isso e já se tornara para mim uma espécie de obsessão o caso de Bembém. Precisava deixar Pureza imediatamente. E ao mesmo tempo começara a sentir pela primeira vez ciúmes de Maria Paula. Era bem ciúme. Um ciúme antecipado, vendo-a com Bembém, um cabra insignificante. O fato era aquele. Com mais uns dias toda aquela mulher que agora me enchia o corpo e alma de tanta alegria, de tantos prazeres, estaria na cama com o cabra, dormindo naquele casebre, servindo às necessidades e aos desejos de Bembém. Fugia desses pensamentos, mas eles voltavam. Às vezes, quando estava com Maria Paula, chegava-me na cabeça a certeza da traição. Aquilo me aparecia de repente. Antes vivia com ela sem querer saber de nada. E agora era só no que pensava, na separação inevitável. Voltava dos encontros com ela muito satisfeito da vida, e, sem saber como, lá vinha Bembém, dono da mulher que só podia ser minha. Por mais de uma vez tenho dito que Maria Paula poderia estar comigo para sempre. Estava certo que dona Francisquinha consentiria, não morrendo de dor em me ver com a filha mais moça no casarão da Madalena, embora Maria Paula não pudesse me chamar de marido. Uma ocasião cheguei a falar a Maria Paula de uma possível união dela comigo. Coisa definitiva. Iria viver comigo.

A mãe preferia que ela ficasse com Bembém, casada. Depois até me arrependi do oferecimento. Maria Paula, depois de meses, de anos, não se tornaria enfadonha como Margarida? Era disso que eu corria. A carne teria o poder, a força de me conservar feliz como eu vivia em Pureza? E se me enjoasse da moça e ficasse com a obrigação de tê-la em casa, de dormir com ela, de olhar para a sua cara todos os dias? Tudo de ruim poderia acontecer. O melhor era me conformar, reprimir os meus ímpetos amorosos e abandonar Pureza, procurando outra que me desse o mesmo alimento que Maria Paula. Pelo mundo existiam mulheres fabulosas. Eu não as havia descoberto porque fora um cego, um aleijado. A coisa, porém, mudara por encanto. Margarida me descobrira um mundo que era maior, mais rico que todos os outros. Mulheres existiam pela terra, com aquela carne, aquela quentura, aquela luxúria de Maria Paula. E pensar que levara uma vida como um inválido, desprovido de pernas para correr, para andar, de olhos para ver. O mundo estava cheio de mulheres. Eu dispunha de fortuna, viajaria, correria terras, encontraria muitas Maria Paula que me enchessem os sentidos. Era só querer, andar, procurar. Os dias agora estavam adoráveis, frescos, e a terra de Pureza ornamentada de novo. O inverno dera às árvores, aos eucaliptos, às mangueiras uma exuberância extraordinária. A mata de uma espessura enorme. Há tempos que não ia por lá. E fui encontrá-la com grande diferença, com as veredas tomadas pelos arbustos que saíram da terra vigorosamente. Não havia mais caminho, com tudo coberto de capim, da milhã crescida na altura de um homem. Só os paus-d'arco haviam perdido as flores e eram iguais às outras árvores. Os últimos dias de abril iam sendo de um sol magnífico. A terra molhada até as entranhas precisava mesmo daquele calor que ajudava na fecundação. Lá pelo alto encontrava as mulheres no roçado trabalhando no duro. Via o feijão enramando, o algodão crescido, e se abrindo em pendão o milho que o vento dobrava. Mulheres e meninos nos roçados. Os casebres vazios cobertos de sol, como de uma dádiva de Deus.

Saía antes do banho para passear quando não tinha encontros com Maria Paula.

Afinal de contas aquele povo do alto era feliz ou não era? Lá estavam unidos, com os cacos de enxadas no trabalho, mulheres, moças, meninos. Em casa havia ficado o filho mais moço, em cima da esteira, chorando até que a mãe viesse para a ração de leite. O porco roncava debaixo do pé de juá. Eram felizes ou não eram os que levavam aquela vida? Talvez nem soubessem que viviam mesmo. Nos meus tempos de nervoso passava pelos pobres do alto com a convicção de que havia gente mais desgraçada do que eu, consolando-me com a desgraça alheia. Vira a mulher tuberculosa, vira a mãe que procurava Felismina para dar um filho, via aqueles casebres – e ainda era de mim que cuidava. Andava por ali com um fito único: me divertir, fugir de minhas preocupações, ver terra, árvores e gente que fossem um espetáculo.

    Se Maria Paula houvesse me feito um sinal, estaria com ela sem me lembrar de pobre, de coisa nenhuma. E como naquela manhã falhara, andava eu na mata, espiando as árvores, avaliando a vida dos pobres, olhando os roçados, como se tudo aquilo não existisse somente para mim, como um derivativo. E assim fui andando. Meti-me de mata adentro procurando aquele claro que encontrara meses atrás e que me parecera um claustro de convento, com o sol por cima do chão coberto de cavacos. Andei muito e fui encontrar o lugar como se anos e anos tivessem decorrido depois da minha última visita. Mato grande fechara a abertura que o machado fizera. Outro pau-d'arco nascera, estaria pequeno, de olho de fora para substituir o gigante derrubado. A natureza se refazia do golpe que dera o braço do homem. E naquela batida levara horas. Quando quis voltar, senti-me perdido, às tontas pela mata, com a sensação de que não encontraria saída. Imaginei-me ali a noite toda. Só, sitiado pelos mosquitos, mordido, com os pavores da noite. Um conto de fada conta a história de um príncipe aterrado pela escuridão na floresta. Eu ouvia os gritos dos guaribas como assovios de vaias. E tive medo. Quis correr, mas tropeçava nos cipós que se enroscavam pelo chão como cobras. A noite viria. E dei gritos desesperados que ecoavam muito tempo depois nos confins. Mas aos poucos a calma foi voltando e me senti liberto de um pesadelo quando avistei o rastro de sol na saída. Vi o sol como um esplendor, a liberdade que havia readquirido.

Em casa, Felismina já estava aflita com a minha demora. Passava de meio-dia, e ela já tinha falado com Chico Bembém para me procurar. Estava de corpo moído, quebrado de cansaço.

27

Chegara maio, sem que a minha situação em Pureza se modificasse. Recolhera-me mais por causa das chuvas, que haviam voltado violentas. Os dias de inverno me cercavam em casa. Mas Maria Paula voltara a me procurar no chalé, à noite. A princípio pensei que dona Francisquinha houvesse modificado o seu ponto de vista a meu respeito. Resolvera-se sem dúvida por mim. Enganava-me. A filha é que iludia a mãe e vinha me ver, depois que a velha se recolhia. Faltava um mês para o casamento. E era como se não existisse coisa nenhuma na nossa frente. Estava alegre e vinha para o meu quarto como nos primeiros dias dos nossos encontros. Aquilo não poderia durar.

Felismina exagerava-se nas queixas, as dores tomavam-lhe o corpo inteiro. Eu sabia das manhas da minha negra, tanto assim que quando marcávamos a viagem para a outra semana, ela mudava logo, as melhoras se acentuavam de um jeito que não deixava dúvidas. No entanto eu ficaria em Pureza, se não fosse o casamento de Maria Paula. Casada, não suportaria vê-la com outro. E sofria de antemão só em pensar naquilo. Por outra havia aquele homem bom, franco, capaz de liquidar um seu semelhante. Deus me livrasse de ficar em Pureza com Maria Paula casada. Então por que aquela tranquilidade dela, aquela alegria, a mesma cara, os mesmos agrados, impetuosa no amor como sempre? Era isto que me intrigava. Não me amava, na certa. Esta é que era a verdade. Podia deixar de me ver, que seria a mesma coisa. A história do engenheiro não tinha fundamento. Entregara-se por se entregar, sendo uma natureza corrupta, filha de um pai ordinário. A outra se fora, se danara pelo mundo. Só era mesmo mulher para o gozo, para a luxúria desesperada. Aí torcia a boca de lado, gemia, dobrava-se de prazer como uma cobra. Tirando-a disto, uma pobre mulher, só carne. Não era que eu estivesse com requintes, não. O que queria era uma mulher que me completasse a vida, que fosse o outro lado de mim mesmo, um ser, uma criatura, e não aquela indiferença de Margarida. A irmã me contentava. Deixava-me feliz a seu lado sentindo que criava raízes, vivia dela. Mas aquela indiferença diante da proximidade do casamento me fazia desconfiar também de Maria Paula. Tanto que lhe falei uma vez com veemência. Por que não se importava com o casamento, marcado para junho? E ela não respondeu ao meu desespero. Abraçou-se comigo, beijou-me, e ficou por isso mesmo. Mulher esquisita. Haveria algum plano com ela. Talvez fugisse como Margarida. Ou quem sabe se não estaria esperando que eu tomasse uma providência enérgica, arrebatando-a comigo para o Recife? Seria um jogo? Se fosse, fingiria na certa uma grande dor e viria chorar nos meus braços, esperando a salvação. Eu não sabia explicar.

E maio correndo. Estávamos já na última semana. Estancaram as chuvas. Pureza com os dias de sol era outra. Os pássaros cantavam pelos eucaliptos, pelos fios do telégrafo, e borboletas saíam não sei de onde, com as suas cores de vestidos de conto de fada. Só as cigarras se tinham calado de vez. Pobres vozes que tanto me ajudaram a sofrer. Queria ouvi-las naquelas tardes de chuva, sem outra música para me alimentar os nervos senão a música triste das biqueiras correndo, dos ventos nas árvores. Esperava dois, três dias de sol pelas cigarras, ali no alpendre, quando a tarde caía, o céu se encrespava de nuvens e os poentes se ensanguentavam. A tristeza era mais dura, mais seca, sem as minhas boas cigarras de verão. Tudo isto pode parecer sentimentalismo, mas para que esconder as minhas fraquezas? Que valor teria esta história se não exprimisse toda a verdade?

    Fomos assim até que Maria Paula numa noite, com a maior naturalidade deste mundo, me disse que não voltaria mais para casa. Espantei-me. Pensei que fosse brincadeira dela. E não era não. Ficaria comigo. Fui franco. Aquilo seria um escândalo, um desgosto para a mãe. Maria Paula zangou-se, se lastimou, me acusando de não lhe querer bem nenhum. E passou noites seguidas sem me aparecer. Voltei aos meus passeios, aos meus pensamentos. No fundo a razão estava com ela. Há pouco tempo censurava a sua indiferença, e no momento em que ela se decidira, eu fugia daquela maneira. Dias sem Maria Paula me olhar. Na passagem dos horários, ela ficava na janela namorando os trens. Bembém não passava pela noiva que não parasse. Achava graça naquele noivado de trocas de palavras, de meias conversas. E fui me convencendo de que Maria Paula não me procuraria mais.

    Foi por esse tempo que Antônio Cavalcanti me chegou ao chalé, querendo falar comigo em particular. Pensei logo na filha. Sem dúvida me viria tocar em Maria Paula. Fiquei surpreendido. Seria uma reviravolta na direção da vida do velho, um despertar de consciência tardio, mas em tempo de corrigir alguma coisa. Antônio Cavalcanti demorou a entrar no assunto. E enquanto ele falava de outras coisas, eu nada entendia. Meu pensamento estava virado para o que ele tinha de me falar. Comecei a imaginar o começo da história. A filha estava noiva, o rapaz era um moço humilde, mas bom, e eu estava perturbando tudo. Eu fazia do pobre chefe um juízo deplorável. Errara mais uma vez. Ali estava ele na minha frente para defender a filha. Com certeza seria para me obrigar a tomar uma direção honesta. Explorara miseravelmente as duas filhas do pobre homem. Os olhos azuis de Antônio Cavalcanti me fitavam com serenidade. Depois ele entrou no assunto, aliviando-me: não era nada não, apenas um favorzinho. Eu bem via qual era a vida dele ali na estação, uma vida só de trabalhos. E quanto ganhava? Não tinha nada. As despesas eram grandes. A mulher fazia umas economias com aquele café que vendia aos passageiros. E tudo se fora nas besteirinhas que arranjara para a menina. Fora ao coronel Joca pedir um auxílio, uma ninharia. O coronel se negara. Ali na estação fazia favor a todos aqueles senhores de engenho. A estação era deles. E pensavam que pagavam esses favores com uns quilos de açúcar bruto, com uma carga de milho. Nunca esperara que o coronel Joca lhe negasse. E não tinha a quem pedir. Aquele sujeito do Resplendor comia de gaveta, um miserável. Estava em Pureza há uma porção de anos e fora a primeira vez que procurara o coronel Joca. Não fazia mal não. Em tempos de eleição vivia a querer cópias dos telegramas que os outros passavam. Mas era isso mesmo. Lembrara-se de mim. A mulher brigara com a dona Felismina, também ele nem procurava o porquê. Briga de mulher era aquilo mesmo. Gostava muito de dona Felismina. Até estranhara em casa o procedimento da mulher. Antônio Cavalcanti vinha me pedir duzentos mil-réis emprestados. Fui pronto em atendê-lo. E conversamos mais tempo. Notei-lhe uma alegria de criança quando acedi ao seu pedido. E ele continuou a me falar da vida, fora um infeliz, um caipora. Muitos anos naquela estrada e não subia de posto. Aquele seu Calisto da Paraíba, que hoje mandava na estrada, entrara nela no mesmo ano que ele. Hoje era tudo. E ele continuava na estação, uma das piores da Great Western. No entanto trabalhava como eu via. Quando era moço, gozara, fizera besteira. Mas quem não fazia das suas na mocidade?

A vida para Antônio Cavalcanti não passava daquilo. Nunca homem aparecera para protegê-lo. Estivera em Campina Grande só por causa de um engenheiro fiscal que se dava com ele, mas cresceram os olhos e, sem que nem mais, perdera o lugar. Depois estivera em Periperi. Tudo inveja e perseguição. Os olhos azuis do chefe pareciam marejados de lágrimas. O rosto gordo e vermelho, barba crescida, branca, davam ao pobre homem uma imagem de vencido, como há muito eu não via. Os meus duzentos mil-réis iluminavam aquele rosto flácido. As carnes e os olhos de Antônio Cavalcanti ressurgiam, foram até a infância quando eu lhe entreguei o dinheiro. Riso de felicidade. E quando saiu do chalé, me agradeceu com um abraço de amigo. Senti-me humilhado. Pagara com aquela miséria uma conta imensa que lhe devia. Uma filha dele me curara, me dera o mundo inteiro para viver. A outra me enchia a vida de alegria, e o pai, com duzentos mil-réis, apresentava aquela cara radiante, aqueles agradecimentos de quem recebia uma esmola. No final das contas não seria Antônio Cavalcanti um bom sujeito, uma vítima do destino? Saberia ele da desgraça das filhas, ou era um desses arredados da realidade, que nunca chegam a tomar pé nas coisas? Talvez não fosse aquele crápula que eu pensava. Um relaxado de vontade, um doente, sem forças para se insurgir contra as correntes. Quem sabe se eu não seria assim como ele? Que espécie de vontade era a minha? Que espécie de vida seria a minha, se não existissem a meu favor as vantagens de uma herança, de um pai que me deixara rico?

O trem das duas apitava. Ladislau no seu lugar, dona Francisquinha no seu tabuleiro, Maria Paula na janela e Antônio Cavalcanti de boné, no seu posto de honra, esperando pelo horário. Uma autoridade. Um chefe. Vinte anos mandando no agulheiro, vinte anos de responsabilidade. O trem já estava parado, e a rabeca de Ladislau enchia Pureza de tristeza. Os passageiros cercavam o cego, para ouvir a história de santo Antônio:

> *— Eu me chamava Fernando,*
> *Mudei o nome pra Antônio,*
> *Para a glória e amor de Deus*
> *E desprezar o demônio.*
>
> *Estando eu na Itália*
> *Para fazer um sermão,*
> *Um anjo me avisou*
> *Dessa situação.*

E santo Antônio salvara o pai da forca. Viera de Pádua, rompera os céus e, para salvar o pai, fizera um milagre. Os passageiros deixavam cair esmolas na coité de Ladislau. E o trem partia. Os sentimentais, que seriam quase todos, levariam no coração uma tristeza. Olhavam os cortes, as várzeas, os partidos de cana, os engenhos que passavam, mas na certa ficaria com eles um pedaço daquela tristeza da rabeca de Ladislau. Às vezes aquela tristeza me abatia por completo. Havia dias que a rabeca do cego me invadia a alma, tomando conta de tudo.

Naquela tarde fora assim. Maria Paula me deixara, não queria negócio comigo. Recusara-me, fechara-se. E o pai me viera abater com a sua história. Tudo que sucedera com ele, fora por obra do destino. Nenhuma culpa tinha Antônio Calvalcanti de ter perdido as filhas, de viver vinte anos naquela vida, com aquele boné, fingindo que mandava, escravo dos mandões dos arredores. Eu desfrutara duas filhas suas, e quando pensava que ele vinha ajustar contas comigo, o pobre me pedia duzentos mil-réis emprestados para ajudar o casamento de Maria Paula com Chico Bembém.

Triste tarde aquela em que fiquei remoendo a história do pobre chefe. Do meu alpendre, ouvia o tique-taque do aparelho que ele manipulava, recebendo e mandando ordens dos outros. Fiquei com vontade de andar e sair de linha afora. O sol ainda estava alto, e eu teria tempo de passar a ponte das Marrecas e ir até o corte grande. A lagoa, transbordando com as chuvas, estendia a sua represa. O lençol d'água crescera e via-se um bom pedaço descoberto. Até lá não haviam chegado as baronesas. Marrecas gritavam por cima, voando aos bandos. Fazia muito tempo que não vinha dar tiros nas pobres aves, acertar a pontaria sem outro fim que vê-las estrebuchar por cima das baronesas. Do alto do corte, via as várzeas cobertas de cana e, muito para o longe, aquelas serras que se confundiam com as nuvens.

Maria Paula quisera ficar comigo. Fora tão inesperada a decisão que me deixava com medo. Fugir com ela como de um perigo. O meu primeiro ímpeto fora aquele: fugir, escapar. E no entanto ela me fazia um bem enorme, me dava grandes prazeres. Reclamara o pouco-caso que dava à nossa separação próxima, e quando a moça se decidira a romper com a mãe, destruir aquele coração partido de tantas dores, me recusara. Fora um erro. Devia ter consentido, ter ficado com ela, resolvido o caso como a natureza me aconselhava que fizesse. Fugira e o resultado fora aquele: perder Maria Paula. Já devia conhecer a mulher com quem vivia há tantos meses. O amor não dava essa penetração, essa força de nos conduzir às intimidades? Confessei mais de uma vez que não tinha juízo feito sobre Maria Paula. E era sincero. Seria ela uma debochada, uma fonte de prazeres? Ou sentia amor, ou era capaz de mais alguma coisa que entregar com tanta luxúria a sua carne aos outros? A mim, a qualquer um? Uma simples menina criada no mato me confundindo daquele jeito. Tinha medo da moça. Se recusava o seu oferecimento tão abertamente, era porque havia qualquer coisa em mim me comandando. Dava muita importância aos primeiros ímpetos. Tomava isto como adivinhações, premonições do que era capaz.

Recusara Maria Paula. E agora estava andando por causa dela. Se não me houvesse acontecido o que acontecera, estaria no chalé, deitado na boa rede do alpendre, gozando a tarde, a doçura da tarde de maio, e esperando a visita da noite. Andava por ali querendo ver coisas para me enganar. Era o meu velho processo de cura. Lembrava-me do cais do Recife, por onde ia ver se enganava os meus desgostos sem causa. Só deixava o chalé quando algum acontecimento me assediava. Às vezes era alegria, a vibração de uma grande alegria que me dava vontade de andar. Nos meus primeiros dias de conhecimento com Margarida, a grande descoberta de faculdades que andavam amortecidas me dera aquele desejo de andar, de não ficar parado. Ficar inquieto, como estava naquele instante. Pobre vida de Antônio Calvalcanti, desgraçada vida de dona Francisquinha!

E fui andando pela estrada de ferro, e tão distraído ia, que só ouvi o barulho do trem em cima de mim. Só tive tempo de encostar-me na parede do corte. Um trem de carga passou roncando numa distância insignificante. Senti o calor da máquina, o ruído dos carros. Nunca em minha vida a morte estivera tão próxima.

Quando o trem se sumiu na curva e eu não ouvi mais o seu barulho, me pareceu que havia escapado de um atentado. Chico Bembém me disparara à queima-roupa a sua espingarda. E eu escapara ileso. Uma sensação violenta de vida me invadiu naquele morrer de tarde. Podia estar aos pedaços na linha de ferro. O meu sangue ensopando a terra, o meu corpo esmagado, todo o meu ser acabado de vez. Então, aquela tristeza, o escuro que se aproximava me deram um medo esquisito. Estava longe do chalé. Queria ver gente, aproximar-me de uma criatura humana, qualquer que fosse, sentir a vida animal. E corri como um doido pela linha, tropeçando nos dormentes. Foi quando avistei na reta uma pessoa que vinha em sentido contrário ao meu. Fui andando devagar e não vi ninguém. Fora uma ilusão. Aí o medo cresceu. Parecia que toda a noite vinha cair em cima de mim. Toda a escuridão me cobriria, asfixiando-me. E disparei a correr outra vez. Muito cansado, avistei a lanterna da estação. Antônio Cavalcanti já havia colocado o lampião da estação. E aquela luz perdida me emprestou coragem. Parei. O meu coração batia forte como no tempo de menino, quando corria muito ou me assustavam.

No chalé deitei-me na rede esbaforido. Felismina me chamava para o jantar. E eu não tinha coragem de me levantar.

28

A RAIVA DE MARIA Paula por mim durou mais do que eu esperava. Uma semana sem me aparecer e sempre se virando, sem atender aos meus pedidos, aos meus sinais. Aquilo me deixou como doido. Dei para andar, voltei ao Resplendor. E se tivesse um cavalo, teria ido até o Gameleira do coronel Joca. O que podia fazer de um homem uma mulher, por mais insignificante que fosse! Quando lia nos jornais o noticiário dos crimes passionais, me horrorizava com a crueldade dos homens que matavam por nada. Hoje via que o que me parecia um nada era a maior força do mundo. Teria feito tudo para Maria Paula voltar ao meu quarto.

E por fim ela chegou-me numa noite de chuva. Vibrei com o retorno. Estava de uma secura de amor terrível. Estivemos felizes até alta madrugada. E ela me confessou que não voltaria mais para a estação. Quis replicar, mas tive medo. Aceitei o fato como consumado. Embora não tivesse podido pregar os olhos naquela noite. Ela estava ali perto de mim, dormindo na maior paz deste mundo.

E de manhã ouvi que vinha lá debaixo um falatório alto. Era a voz de dona Francisquinha gritando com Felismina, que replicava aos berros. Ali não estava ninguém, bradava a negra. Quem tivesse filha perdida que fosse procurar noutro lugar. E por fim ouvi choro. Um choro igual àquele do dia em que Margarida fugiu. Maria Paula dormia tranquila. Vesti-me e desci para aguentar as consequências. Mal dona Francisquinha me viu, correu para mim e se ajoelhou aos meus pés. Era como se tivesse enfiado uma faca no meu coração.

— Doutor, me dê a minha filha, a minha filhinha.

Quis reagir e não pude. Uma emoção imensa me abateu. Nunca vira maior humildade em minha vida, nunca criatura descera tanto perante mim. Fiz o possível, recorri a tudo, mas não tive jeito. E falei para dona Francisquinha. Trazia nas costas todas as vergonhas humanas. A minha cara estamparia uma baixeza de réprobo. Falei sem saber o que dizia ao certo. A moça estava lá em cima. Fosse buscar. Acovardei-me. Não chamara ninguém. Ela viera espontaneamente. Não queria ver ninguém aos meus pés.

Felismina chorava para um canto. Nada me havia constrangido tanto como aquela cena deprimente. Uma mulher a meus pés, pedindo por uma filha que eu explorava. Nisto Maria Paula veio descendo. Dona Francisquinha, quando a viu, correu para onde ela estava, chorando ainda mais. Espantei-me de ver a serenidade completa da moça:

— O que foi que mamãe veio fazer aqui? Eu já não disse à senhora que não me queria casar? Por que vem aperrear os outros? O melhor é eu fazer como fez Dadá.

A velha se rebaixou diante da filha. Para que fazia aquilo? Ela não tinha prometido a Bembém? O rapaz era tão bom, tão direito. Ela devia voltar para casa. Ninguém sabia do fato. Nem Antônio sabia de nada.

Maria Paula estava de uma serenidade impressionante. Tudo saíra de mim. Agora me sentia apenas um espectador, sem responsabilidade. Mãe e filha se defrontavam. Uma queria a outra para satisfazer a sua vaidade, encher-se de satisfação com o casamento. Ver uma família construída com o seu sangue. E a outra queria viver, queria viver. Fiquei como tonto entre as duas. Felismina ao lado de dona Francisquinha, aconselhando a moça a voltar. Ela podia voltar, podia ser muito feliz com Bembém. Bastava aquele benquerer que ele mostrava por ela.

A moça começou então a sair daquela serenidade, a sentir as coisas como gente de verdade. E disparou num choro convulso, sem articular uma palavra. A mãe foi para junto, como se quisesse animá-la. E ela bruscamente a repeliu. Não ia, não ia, entrou violentamente a dizer. E olhava para o meu lado, como se quisesse encontrar um auxílio, uma proteção. Vontade teria eu de ampará-la. Aquela cena ia me desagradando profundamente. E não chegava ao fim. Outra vez dona Francisquinha ficou patética, ajoelhou-se aos pés da filha, implorando com palavras de cortar coração. E a outra dura, sentada no batente da escada. Intervim. Fui a Maria Paula e falei. Não sei ao certo o que disse. Ela devia ir com a mãe para casa. Depois resolveríamos a coisa. Tudo faria para o nosso bem. Por fim ela se dirigiu a dona Francisquinha com a fala seca, como de inimigo para inimigo:

— Mamãe vá na frente, que já chego.
Estava doido para agradar Maria Paula. Toda aquela brutalidade para com a mãe não me desviava dela. Queria dizer-lhe aos gritos que eu era dela e que, se ela quisesse, sairíamos naquele dia de Pureza. Que nada nos poderia separar. Não podia avaliar o que encerrava o silêncio de Maria Paula, de cabeça baixa, numa atitude de quem houvesse recebido um choque formidável.

Felismina nos deixara a sós. E Pureza lá por fora estava em seus dias de grande. Para dentro de casa vinha o vento da manhã com um frio gostoso. Não sabia por que, mas me sentia feliz naquele momento. Não sabia explicar. Uma mãe chorara a meus pés e me humilhara com aquele ato de dolorosa submissão. Uma mãe sofria, soluçava como uma desesperada. E Maria Paula estava ali à minha disposição como uma escrava, dependendo de uma palavra minha. De repente aquela alegria, aquele prazer. Agradei Maria Paula. Fui de uma ternura de apaixonado. E ela se deixava abandonar ao que eu quisesse. Depois lhe falei. Devia voltar. Com mais uns dias sairíamos de Pureza, viveríamos os dois sem que ninguém nos viesse aborrecer.

E Pureza inteira feliz, debaixo de um céu lindíssimo, de um sol que caía em cima das coisas para vivificá-las, torná-las bonitas. A desgraça de dona Francisquinha desaparecera. Os sofrimentos de Maria Paula não existiam mais. Eu estava feliz como se fosse dono do mundo. Vidas alheias dependiam de mim. Podia mudar a vida dos outros.

Surpreendi-me como se houvesse cometido um crime e um olhar impiedoso me perseguisse. Aquilo era um prazer de monstro.

Felismina, na hora do café, falou-me:
— Seu Lola, a gente deve é sair desta terra.

Eu sabia o que encerrava aquele conselho. A negra me olhava como a um miserável que fizera uma mãe ajoelhar-se e implorar a seus pés. Só desejava que eu saísse dali, me fosse embora. Também para ela Maria Paula e dona Francisquinha deixariam de existir. Vira Felismina no choro por causa do moleque Luís. Uma dor dera com ela na cama, uma dor de mãe infeliz. E ela conhecera aquele moleque dois meses somente. No entanto o sofrimento de dona Francisquinha nada seria para ela em relação ao meu bem-estar.

Não tive coragem de ficar em casa e saí a passear. A primeira pessoa que avistei vindo para a estação, no seu passo descansado, foi Chico Bembém. Tive medo do homem. De nada ele sabia, mas era como se soubesse. E o cumprimento respeitoso dele não alterou o meu medo. Subi para o alto. Fui andando sem olhar as coisas. Quando me vi perto da mata, despertei daquele alheamento. Não tive coragem de entrar pelas veredas. Fui andando para o lado esquerdo. Os roçados, coalhados de mulheres. No meio do verde, os vestidos vermelhos, azuis, manchavam a paisagem. Ouvi um latido de cachorro e uma corrida por dentro da capoeira. Moleques, perseguindo preás, que era a caça mais fácil dali. Os bichinhos pareciam ratos. Fui andando mais. Lá para diante o fogo tinha comido um pedaço de mato. Aproximei-me, era a casa da tuberculosa, reduzida a cinzas. Haviam tocado fogo até nos matos de perto. A doença podia ter ficado pelos galhos, pelas ramas. Eu viera para Pureza com medo da tísica. Trazia dentro de mim germes que só esperavam o momento da ação violenta. Lembrava-me da mulher, dos braços como gravetos e dos olhos vivos, queimando como brasas. Andei mais para cima. E de lá avistei a estação que, de longe, daquelas alturas, parecia pegada ao chalé, dando-me a impressão de que era uma casa só. Os eucaliptos muito altos dominavam as outras árvores. Duas horas atrás assistira àquele drama terrível. Sofrera. E logo depois gozara de tudo como se aquilo fosse uma peça, e atores as pobres pessoas que se agitavam na minha presença. Mas a alegria ia se transformando em remorso. Aquela autocrítica me arrastava da vida. Desejava ser como Antônio Cavalcanti, para quem tudo no mundo estava fora. Nada entrava em Antônio Cavalcanti. O seu corpo se fechara e os seus nervos não eram como os meus nervos expostos. A sua carne vermelha revestia nervos, cobria nervos. Todo o Antônio Cavalcanti estava revestido, insensível ao calor e ao frio das emoções. Uma natureza assim desse feitio não sofreria nunca. Estava sempre fora de qualquer espécie de sentimentalidade. Estaria àquela hora manipulando o aparelho do telégrafo. Na certa sabia que a mulher fora atrás de uma filha que fugira de casa. Outro tomaria a frente. Por mais fraco que fosse, se encheria de coragem para defender um patrimônio precioso. Ele não. O seu corpo não conduzia eletricidade. Ele mesmo me parecia da natureza daqueles aparelhos de louça que, nos postes, isolavam da terra os fios. Invejava-o.

Dona Francisquinha sofria em casa, teria a alma partida aos pedaços. Maria Paula não teria herdado do pai um bocado daquele sangue-frio? Aquela insensibilidade diante da mãe humilhada, abatida, vinha do pai. Mas no fim chorara. Tinha para mim que o outro nunca havia chorado. E ela soluçara. E vibrava. Tinha os sentidos em fogo, quando se punha a amar.

O sol queimava. Não dera pelo tempo, com aqueles pensamentos, e andara demais. Estava em plena caatinga. A terra vermelha, cavada pelas chuvas, pelas torrentes, se defendia com pedregulhos. O chão cheio de pedras que doíam nos pés. Já era tempo de voltar para casa. Deixara no chalé Felismina com o drama da manhã atravessado na cabeça. Ela resolvia tudo com a saída de Pureza. Para mim seria mais difícil resolver o problema. Eu não dispunha nem de um pedaço de

Antônio Cavalcanti. Tudo entrava para dentro de mim, todos os meus nervos captavam, conduziam.

29

Maria Paula acabara o casamento logo naquele dia. Uma semana levamos sem saber como se resolveriam as coisas. Ela não vinha mais ao chalé, mas de lá da estação me olhava. Pelo gosto de Felismina, eu já estaria na Madalena, acomodado, longe daquelas preocupações. Não me chegava a coragem de deixar Pureza. Recordava-me dos dias em que ia olhar Margarida no banho. E com aquela recordação me vinham desejos de nunca mais arredar os pés dali. Fora naquela terra que me pusera em ligação com a vida. Terminara me aborrecendo de Margarida, mas com a irmã a coisa era bem outra. Sempre estava desejando aquelas horas de prazer.

    Ela acabara o casamento com o cabra e sem dúvida esperava por mim. Felismina e dona Francisquinha, depois daquele encontro dramático, voltaram à amizade. Eu é que nunca mais tivera cara para olhar a mulher do chefe sem me sentir um infame. Aquela mulher a meus pés era sempre o que eu via, quando me avistava com ela. Concorrera para a sua ruína. Uma filha casada. Ela podendo escrever às irmãs de Itabaiana, mostrar aos outros uma filha casada. E por minha causa tudo se fora de águas abaixo. Mas dona Francisquinha voltara ao chalé e a amizade se reconstituíra com Felismina, como se nada houvesse acontecido. Espantava-me tudo aquilo. O rompimento fora por causa das minhas relações com Maria Paula. E como por encanto, depois daquela crise, tudo se acabara. Maria Paula, porém, ainda não tinha voltado a se encontrar comigo no chalé. Só esperava por uma ordem. Vontade não me faltava. Desejos imensos me perseguiam nas noites solitárias, nas tardes mormacentas. O gramofone voltara aos seus concertos, aos dobrados e às valsas tocantes. Espichava-me na rede. Uma volúpia intensa me cobria e, ouvindo a máquina de som áspero, era como se vozes cálidas me convidassem para grandes e gostosas viagens.

    Bembém andava triste com o resultado de seu caso. E a velha Guilhermina, nas conversas com Felismina, não escondia a sua alegria. Ouvira-a falando de Maria Paula com o apoio da negra. Ambas achavam que as filhas do chefe não prestavam para nada. Bembém andava triste. Isto notava-se na sua cara, no seu andar mais lento. E era uma coisa que me preocupava. Ele deixara de aparecer no chalé. Nunca mais me procurara. Saberia de alguma coisa? A espingarda dele estava comigo. Tinha ficado com ela, como se assim me defendesse do dono. O fato porém era que Bembém se magoara profundamente com o golpe. A mãe dissera a Felismina que o filho oferecera troca do lugar com o agulheiro de Aliança. Não desejava mais ficar em Pureza.

    Saberia Bembém de alguma coisa? Por que então me procurara? Estaria com algum plano traçado? Eu me preocupava bastante com estas coisas. E ia dormir com a ideia da saída de Pureza na cabeça e acordava sem ânimo de botar a ideia para a frente. Junho corria. O São João estava por pouco.

    Maria Paula, sem que eu esperasse, veio estar comigo uma noite. Acabado o casamento, a mãe chorava muito. Diante porém da resistência dela, se entregara. A última esperança de filha casada fora-se. Dona Francisquinha voltava a se conformar com a vida. Daí aquela reviravolta, a amizade com Felismina. Dias levara a velha pensando se consertava a resolução da filha. Por fim entregara-se de vez.

    E tivemos uma grande noite. Assim tudo entrara na paz.

    Vieram dias seguidos de sossego. Até Felismina olhava para o caso, conformada, sem nenhuma espécie de hostilidade.

Foram os dias mais tranquilos de Pureza. Aos poucos, porém o caso de Bembém foi me preocupando. As minhas relações com a filha do chefe estavam públicas. Ladislau, conversando com Felismina, achou tudo muito bem: em vez de andar por aí com os outros, ao menos ela tivera a sorte de me encontrar. Podia ser até que eu fizesse a felicidade da moça. Felismina achava que era por pouco tempo. Com pouco mais nem me lembraria de Pureza. No Recife havia moças em penca, só esperando por um pedido meu. E gente importante. O cego replicava: não achava nada demais que eu levasse a moça dali.

— Deus nos livre desse agouro – disse Felismina. — Seu Ladislau tem cada uma! Não está vendo que seu Lola não vai chegar no Recife amancebado, seu Ladislau! É bom até a gente parar com esse assunto.

Dona Francisquinha mudara por completo. Ajoelhara-se aos meus pés pedindo pela filha. E vinha depois aquela amizade renovada com Felismina. Chegava a desconfiar que houvesse em tudo aquilo uma simulação monstruosa. Ao mesmo tempo não descobria meio de consertar as peças da representação. Fora tudo muito natural. É que ela perdera Chico Bembém e vira Maria Paula intransigente, não querendo. A moça não queria o agulheiro. Vinha agora para meu quarto e às vezes passava a noite toda. Felismina fechava a cara quando sucedia uma daquelas. No pé em que andavam as coisas, a negra via Maria Paula definitivamente pegada comigo. Então as dores de Felismina deram para crescer. Reclamava contra a friagem, os ares da terra, que eram venenosos para as dores de seu reumatismo.

Chico Bembém uma ocasião passara por mim e fizera que não me havia visto. Vinha de cabeça baixa, com aquele seu andar banzeiro, pela linha de ferro e passara pertinho de mim como se não existisse ninguém onde eu estava. O homem visivelmente se perturbava com a resolução inesperada da noiva.

Eu é que nunca me encontrara numa situação dessas. Nunca tivera inimigos, uma pessoa com ódio, capaz de me fazer mal. Bembém estava nesse caso, incontestavelmente. A espingarda dele continuava comigo, e ingenuamente me assegurava de que, sem a arma, Bembém não me faria mal. Do chalé, eu observava os seus movimentos na estação. Nas proximidades dos horários lá vinha ele chegando, de boné mais humilde que o do chefe, sem as letras douradas. Tirava as bandeiras quando não havia mercadorias para pesar e ia para o ponto da agulha. O andar era descansado, mas o que não andaria em instintos reprimidos naquele homem devorado por um amor que lhe enchera o coração? Casar com Maria Paula, uma moça bonita como não existia em toda Pureza. Nem as filhas dos senhores de engenho que vinham tomar o trem chegavam aos pés dela. Fizera o seu sonho, construíra uma vida. Nas madrugadas frias de chuva esquentaria o corpo junto de Maria Paula. A mãe se queixava do casamento porque não podia avaliar o que era uma quentura de mulher. E de repente fora-se tudo de águas abaixo. Dona Francisquinha dera-lhe a notícia. Contou ela que Bembém ficara calado, sem dar uma palavra, e saíra com as bandeiras debaixo do braço, de cara fechada. Todos em Pureza se espantaram da serenidade com que ele recebera a notícia. Ninguém estava vendo que tudo aquilo era por fora. Por dentro Bembém se arrebentara. A mãe dizia a Felismina que ele não comia, não falava. Querendo somente sair de Pureza. Quando vi Bembém passar por mim, como se não me visse, tirei as minhas conclusões. Estava com a certeza de que partira do chalé a sua desgraça. Um homem daquele feitio, quando metia na cabeça uma convicção, ficava com ela até o fim.

Comecei a procurar uma solução para o caso. Deixar Pureza quanto antes seria a mais indicada de todas, uma saída natural. Muito natural e fácil, se não fosse a minha história com Maria Paula. Tinha a certeza de que não poderia suportar a vida sem ela. Devia era levá-la comigo. Nada mais simples. Dona Francisquinha aceitaria. Para Antônio Cavalcanti seria uma sorte grande. Felismina, logo que sentisse que eu seria feliz, abriria mão de todas as suas restrições, e a vida correria mansa para o seu Lola. Pureza me dera a consciência de que podia dispor do meu corpo. Antes me escravizavam preocupações. As insônias rareavam agora. A ideia da morte andava distante. Nada de doenças a me tomar a atenção. Teria de resolver os problemas. Bembém podia me olhar à vontade. E eu me sentia disposto a defender-me e a amar. Mas aquele homem passando ao meu lado, sem um gesto, um cumprimento qualquer, me fazia refletir. O melhor seria dar ordens a Felismina e fazer uma retirada imediata. Levaria Maria Paula. Disto estava certo, bem certo. E outra não podia ser a solução. Bembém que ficasse em Pureza, se consumindo de mágoas. Acima de tudo a minha ganância de viver.

Depois do jantar, uma noite, subi para o meu quarto. Maria Paula não viria, e o sono tardou a chegar. Fiquei na cama armando mentalmente as minhas coisas íntimas. Teria que fazer de Maria Paula uma mulher de cidade. Aí as dificuldades me surgiam. Como se adaptaria aquela moça a uma existência muito acima da sua? Seria difícil. Não conhecia mulher nenhuma que me ajudasse na obra. Tudo estaria muito bem por enquanto. Depois, como me acharia com uma criatura que de nada sabia, vivida e criada naquela vida rudimentar de estação? Terminaria com vergonha da moça, sem coragem de sair com ela à rua. E viria na certa aquele enjoo que me dera Margarida. Fui para a janela me distrair. A noite de escuridão realçava o céu estrelado. E os eucaliptos faziam-se mais ouvir do que ver. Cheiravam. E ao vento as suas folhas farfalhavam. Doces rumores aqueles das árvores. Pureza inteira na escuridão. De muito longe vinha um latido de cachorro. Foi quando avistei um vulto saindo da estação, descendo a plataforma, ganhando a linha de ferro. Maria Paula havia me dito que não viria naquela noite. De quem diabo seria aquele vulto? Saíra pela porta da frente e se dirigia no sentido da casa de Ladislau e de Chico Bembém. A ideia da traição da mulher apareceu imediata, como a única coisa possível. Um homem estivera na cama de Maria Paula e por isto ela me dissera que naquela noite não viria ao chalé. Tive vontade de descer e ir interpelar Maria Paula. Mas lembrei-me da mãe. Seria o cúmulo abusar da fraqueza de um homem como Antônio Cavalcanti. Se fosse com outro, não me atreveria a tanto. O rio gemia nas pedras. Fui olhar pela janela dos fundos, procurando distrair a insônia e a ideia de que estivera outro homem com Maria Paula na cama. Uma luz subia lenta pelo rio. Era Ladislau em companhia da mulher, com uma lamparina para encandear os peixes. Estranha aquela mania do cego de só pescar à noite. Dizia ele que os peixes com a escuridão ficavam mais bestas. Noites de lua não prestavam. Lá estava ele dentro d'água, mergulhando, indo direto às locas que conhecia com uma precisão infalível. Ouvia nitidamente o rumor que o seu corpo fazia na água. No outro dia, à hora do trem, traria os pitus e as traíras para o meu almoço.

30

Devia ser bem tarde quando ouvi baterem na porta. Felismina me chamava com alvoroço. Haviam roubado o cego Ladislau. Desci. O pobre, de cabeça arriada na mesa da cozinha, chorava como menino:

— Seu doutor, roubaram o meu dinheiro. Saí de noite para pescar, e quando voltei, a mulher encontrou a casa toda remexida, a cama de papo pro ar. Tiraram o meu dinheirinho, seu doutor.

    Chorava com a mão no rosto, como uma criança apanhada. Há tanto tempo que vinha guardando aquilo! A fala do cego era branda, diferente, como se tivesse sido amolecida pelas lágrimas. Felismina consolava. Ladislau não trouxera a rabeca e viera com a mulher, que não sabia como contar a coisa.

    Quem poderia ter sido? Dona Francisquinha e Maria Paula já estavam no chalé, escutando a desgraça do cego. A mulher dele dizia que a casa estava toda esburacada. O cego guardava o dinheiro debaixo da cama. Ela nunca vira ele guardar. Ninguém sabia. Todo sábado Ladislau ia à feira de São Miguel, trocar o dinheiro de cobre e de níquel com o capitão Januário. Voltava de lá com moedas de prata.

    Queriam saber se era muita coisa. A mulher não sabia explicar. Ladislau só fazia o serviço quando ela ia para o rio ou para qualquer outro lugar.

    O choro do cego me oprimia. Passara uma noite sem dormir.

    Maria Paula estava agora ali conversando. Com pouco mais, a desgraça de Ladislau não existia mais para mim. O que existia era o homem que saíra de noite da casa do chefe. Havia um outro. Ela estava com a mãe na cozinha, ouvindo o choro e as lamentações de Ladislau, certa de que eu ignorava a safadeza. Saí da mesa para a porta do alpendre. Uma manhã deslumbrante cobria Pureza de luz. Um vagão da estrada de ferro parado no desvio da estação recebia o sol de cheio na cobertura de zinco. O tique-taque do telégrafo e a cantoria dos pássaros nos eucaliptos era todo o barulho da terra. Ladislau chorava por causa do dinheiro roubado. E eu com o sujeito fugindo da estação a não me sair da cabeça.

Não podia ficar em casa. Saí. O velho vício de andar para corrigir-me, controlar-me. Atravessei o rio e ganhei para os lados do Resplendor. Caminhava devagar, pelo caminho estreito, ladeado de cabreiras, de cercas de cardeiros. O roçado dos pobres se defendia do gado. De um casebre, como aqueles do alto, uma mulher cantava:

— *Queremos Deus, que é nosso rei,*
Queremos Deus, que é nosso Pai.

Deus era rei e Pai no meio da solidão. Aprendera aquilo na igreja de São Miguel. Deus era rei e Pai, depois do coronel do Resplendor, que era o rei de verdade de todos eles. Mas o canto me impressionou. A voz me acompanhava. Já ia longe e ainda a ouvia:

— *Queremos Deus, que é nosso rei,*
Queremos Deus, que é nosso Pai.

Uma guiné cantava desesperadamente. Ladislau estava chorando, por causa do seu dinheiro roubado. Anos e anos guardando, vintém por vintém, tostão por tostão. Uma vida construída com aquilo. Aquele era o grande material de sua vida. Resistira muito bem à mulher que o abandonara. A cegueira não o atormentava. Chorava por causa de seu dinheiro. Não teria sido a sua própria mulher? Ela falara com tamanha naturalidade, que não fazia desconfiança. Antônio Cavalcanti me dissera uma vez que o cego devia ter dinheiro enterrado. Antônio Cavalcanti. E, de súbito, como uma inspiração, a figura do chefe apareceu. Apareceu e dominou-me. Aquele homem que eu vira sair de noite da estação não era senão ele. Ninguém teria estado com Maria Paula. Bembém fora repelido. Antônio

Cavalcanti é quem deixara a estação naquela noite e dera uma limpa na casa de Ladislau. Fui andando assim, sem me lembrar do tempo. O que me preocupava era o roubo. Felismina me contara que o chefe dera para jogar alto nos bicheiros. Vinham vender bicho na estação. Antônio Cavalcanti se entregava outra vez ao vício. Não se dominava, era um molambo nas mãos dos outros. Às tardes o bicheiro de São Miguel voltava a Pureza, aguardava o telegrama do Recife com a notícia do bicho. Na hora certa Antônio Cavalcanti ficava junto do aparelho, esperando a chamada. Devia ser toda a sua vida aquela expectativa. Só o jogo faria vibrar aqueles nervos. Família e tudo mais era de um outro mundo. Furtara Ladislau. Um ladrão. Quem sabe se ele não fora o culpado do roubo de Campina Grande, que lhe custara a transferência para Peripiri?

Já vinha voltando para casa, e a certeza da coisa na cabeça. O chefe tinha jogado o dinheiro da estação, o apurado das passagens da semana e ficara em dificuldade. Aqueles duzentos mil-réis que lhe dera sem dúvida haviam sido para isto. Lembrara-se de Ladislau. Não pudera dormir. O trem da cobrança passaria no outro dia. O cego saíra para pescar. Antônio Cavalcanti fora em cima do dinheiro do outro.

Em casa ainda encontrei Ladislau, que estava mais conformado. A mulher sentada no chão, enquanto ele contava a história para o povo que viera do alto saber. Para todos eles, roubar um cego devia ser o mesmo que roubar a caixa das almas.

E na estação Antônio Cavalcanti, sem boné, manipulava o aparelho. Fora ele. Não havia dúvida. A convicção não me abandonava. Ladrão e jogador. Devia chamá-lo e obrigá-lo a confessar o crime. O pobre Ladislau, na cozinha, tocava o coração dos outros. Levara a vida inteira fazendo tristeza com a sua rabeca. Uma vida de privações, e vinha um viciado, entrava-lhe de casa adentro, tirava o seu tesouro.

    Por outro lado ficava pensando. Como poderia o chefe carregar aquelas pratas? Teria levado um saco provavelmente. No dia seguinte os bicheiros de São Miguel começariam a recolher as pratas de Ladislau. Fiquei com ódio ao chefe. Um homem abaixo de todos. E imediatamente sentia pena dele. Olhava para a estação e via-o vermelho, alheio a tudo do mundo. O aparelho transmitia um despacho. Dona Francisquinha botava a roupa no coradouro, e lá para dentro a filha pensava em mim. Eu sentia o roubo como se fosse um membro da família. Era da família de Antônio Cavalcanti, quisesse ou não quisesse. Via-me ligado com eles. Aí Chico Bembém apareceu para falar qualquer coisa com o chefe e saiu no seu andar descansado. Não teria sido ele o criminoso? A cara de Antônio Cavalcanti era tão serena que eu desistia de reconstituir o roubo com ele. Não. Não teria sido Bembém. Para que lhe valeriam mais uns cobres? Aquele coração não seria assaltado por ambições dessa natureza. O ladrão era mesmo o chefe. Eu vira-o sair da estação, e se não fosse a desconfiança de uma traição de Maria Paula, esperaria até que ele voltasse. E então teria visto o homem entrar com o roubo, o saco pesado com as pratas pesadas de Ladislau. Não precisava argúcia nenhuma para identificar o criminoso. Se eu obrigasse Antônio Cavalcanti a falar, estava certo de que ele me confessaria tudo.

    Felismina veio me falar no roubo, botando para cima dos cabras que haviam passado pela estação e dormido na noite do crime debaixo de um pé de juá. Todos ali estavam certos de que eram aqueles. A negra estava sentida com a coisa. O pobre juntara aquele dinheiro para comprar uma casinha em São Miguel. Agora, coitado, nunca mais que juntasse o bastante.

Compreendi aonde ela queria chegar. Aquilo era um desafio ao meu coração. Era hábito da negra. Nunca me chegava diretamente pedindo as coisas. Contava uma história, ligava os acontecimentos, e eu que percebesse as suas intenções. Nunca me vinha falando diretamente: "Seu Lola, o senhor podia mandar tanto para Fulano?" O seu processo era outro. Envolvia-me melhor. O fulano aparecia com a necessidade bem à minha vista, com a sua precisão evidente. E eu, que já sabia o que Felismina desejava, prometia ou dava o necessário. A negra tinha coração.

Naquele dia a casa perdida de Ladislau estava na minha frente.

— Pobre de seu Ladislau – dizia ela. — Como ele agora vai arranjar duzentos mil-réis para comprar uma casinha?

E intercalava fatos da vida do cego. Tinha dois filhos. Mas os filhos não se importavam com ele. Eu sabia que era justamente o contrário. Os filhos do cego andavam atrás dele para que não vivesse na estação pedindo esmola, e Ladislau recusava o oferecimento dos filhos. Felismina exagerava. Por fim mandei que ela dissesse a Ladislau que eu daria os duzentos mil-réis. Do alpendre, ouvi a conversa dela dando a notícia cheia de contentamento. Eu sabia que aquela casa não passava de uma cavilação do cego. O dinheiro ele só queria para guardar, para tê-lo escondido dos outros. E sonhar com ele. Toda a alegria do cego estava ali. Que falta me fariam duzentos mil-réis? E com eles reconstruiria uma vida quebrada.

O fato porém é que Ladislau se mostrou sem a satisfação que eu esperava. Imaginava-o radiante, vindo depressa me agradecer. A notícia de Felismina não levantara o cego completamente. Esperava o contrário. Não seria o dinheiro o que Ladislau amava. Amava, até a paixão, as pratas que reunira, uma por uma, que enterrara debaixo da cama, que acariciara com os seus dedos aguçados de cego. Oferecera-lhe duzentos mil-réis. E nem parecia. Felismina pensara curá-lo com a minha generosidade. Enganara-se. Ladislau queria era as suas pratas, como eu amava as noites com Maria Paula, queria sentir nas mãos as moedas que trocara com o capitão Januário, como se sentisse o contato de um corpo quente. O que valia a nota fria de duzentos mil-réis em suas mãos?

O cego estava no chalé desde manhã. Passara o trem das nove e o trem das duas sem a sua rabeca. Fazia vinte anos que não acontecia coisa igual.

À noite estive com Maria Paula. Queixou-se do pai, que dera outra vez para o jogo. Era uma coisa horrível. Se não fosse a mãe, com aquele café, passariam fome. Não poderiam fazer nada. Tive vontade de falar-lhe no roubo de Ladislau e de botar tudo francamente para cima do chefe. Mas me contive. Podia ser que estivesse julgando em falso e ofendesse Maria Paula com minha opinião. Ela me dissera tanta coisa do pai, me falara tanto do sofrimento da mãe... e no entanto deixara a pobre velha cair aos seus pés, tratando-a com aquela frieza. Sangue do pai devia correr-lhe nas veias. O caráter do pai se diluía também no seu. Falei-lhe de Bembém, e Maria Paula parecia que nem fora parte na história, pois ficava tão de fora, tão estranha ao pobre, que me ofendia a sua indiferença. Todas as mulheres não podiam ser assim como Margarida e Maria Paula. Só no amor constatava a sua força, a sua humanidade. Ficava terna, doce, mansa, ao mesmo tempo que se enfurecia, que era mais forte e agressiva do que eu. Criatura impetuosa, de carne e osso. Aí todos os seus defeitos fugiam, todo o sangue de Antônio Cavalcanti fugia, e a mulher dominava, vencia, subia para cimos que nunca eu poderia atingir.

Muito mais mulher do que eu era homem. E por isso eu não teria força para deixá-la.

Todo o mundo ficou sabendo dos duzentos mil-réis que eu dera ao cego. O carteiro de São Miguel conversou com Felismina, de fala arrastada. E a negra recebia as homenagens, pela minha ação, radiante. Só Antônio Cavalcanti não aparecia no chalé.

O coronel Joca veio conversar comigo. O Borba queria romper com o general. Fazia muito mal. Seria uma ingratidão. Mas política é isso mesmo, como dizia o seu amigo Lourenço de Sá. Ele ficaria com o general. Depois passou para o roubo de Ladislau. Só poderia ter sido cometido por gente de fora. Nunca por ali sucedera coisa daquelas. Conhecia os seus moradores e os cassacos da estrada. Eram antigos no lugar, gente bem conhecida de todos. Soubera também do meu gesto, dando os duzentos mil-réis. Para ele o cego era um homem esquisito. Vivia em Pureza pedindo esmolas sem ter precisão. O filho era maquinista de seu engenho e fizera o possível para levar o pai para casa. E ele não quisera. Fora bom. Para que guardar dinheiro? De que precisava ele? Eu não devia ter dado coisíssima nenhuma. O diabo pedia esmola por gosto.

A campainha da estação deu sinal da partida do trem. Chico Bembém saíra com a bandeira para o seu posto, e lá estava Ladislau de rabeca em punho, no lugar de sempre. O coronel Joca se despediu de mim. Passou pelo cego para dizer qualquer coisa. Ouvi distintamente o "Deus guarde a vossa senhoria". Dona Francisquinha já estava com o tabuleiro armado. E Antônio Cavalcanti conversando com o coronel, cheio de mesuras. Ladislau afinava a rabeca.

Todos em pé para a chegada do trem que entrava em Pureza.

***

Lá um dia me chegou no chalé o chefe. Pensei logo num novo empréstimo. Antônio Cavalcanti no entanto me surpreendeu. Ao contrário, viera me pagar. Havia acertado no bicho, dera uma tacada forte. Conversou algum tempo, me agradeceu muito e foi-se embora. Estava com uma promessa de remoção para Nazaré. Eu não quis aceitar a devolução, mas ele insistiu dizendo-me que dinheiro emprestado era dinheiro devido.

Era mais uma dificuldade que me aparecia para julgar definitivamente o pai de Maria Paula. Tinha a certeza de que não me pagaria mais. Era um facadista. E, contrariando tudo, vinha me pagar. Na véspera Felismina me contara o golpe que ele dera no bicho. Aproveitara-se de um sonho de um passageiro que viera esperar o trem das nove e cercara forte. De tarde viera a notícia. A tacada havia sido grande. Senão não teria vindo devolver os duzentos mil-réis. O carteiro comentara com Felismina. Só num banqueiro de São Miguel, quinhentos. Espantava-se da sorte do chefe. Mas Felismina botava na frente os prejuízos que ele tivera antes. Jogo não levava ninguém para diante. Fossem atrás dos prejuízos de Antônio Cavalcanti, que aquilo não dava para nada.

O fato porém é que ele me viera pagar. Não era por conseguinte um velhaco, como eu pensava. Ladislau não se cansava de lamentar o dinheiro perdido. A conversa dele com a negra era sempre a mesma. Bem que naquela noite estivera com vontade de não sair de casa. Fora uma tentação do diabo. Tinha fé em Deus que aquele dinheiro queimaria o ladrão nas profundezas do inferno. Já tinham-se passado oito dias depois do roubo, e a opinião geral era que haviam sido os retirantes os autores do assalto. Ninguém por perto tinha cara para a obra. Em mim a convicção se firmara em torno do chefe. Mas quem o via com aquela cara tão mansa e aqueles olhos azuis de menino não acreditaria que ele fosse capaz. Mudava de opinião, embora mais tarde tudo me dissesse que sim. O jogo alto, aquela saída na noite do crime. Às vezes procurava meios de defesa. Talvez Antônio Cavalcanti houvesse saído para alguma precisão no mato. Mas nada resistia. Fora ele mesmo. Em Campina Grande haviam assaltado os armazéns no tempo de sua chefia. Estava certo de que ele estivera metido na ladroeira. Mas bastava olhar para o chefe, e as minhas suposições fugiam. Havia muita serenidade naquela cara para ser de um ladrão. Uma coisa me auxiliava. Só Antônio Cavalcanti falara ali do dinheiro enterrado de Ladislau.

Maria Paula vinha ao chalé, certíssima de que iria comigo para o Recife no próximo mês. Afinal de contas a vida era aquilo mesmo. Eu levara 24 anos sem ter tido nada de grande, de intenso, em minha pobre existência. Aparecera a oportunidade, e devia manter com firmeza os meus desejos. Sentia necessidade de Maria Paula. Colocava as coisas em ajuste de contas. De um lado as vantagens que me traziam, do outro as desvantagens. Terminava sempre me convencendo. No entanto me enjoara de Margarida em pouco tempo. Margarida talvez me fizesse lembrar o homem fraco que eu fora. Sentia-me junto dela um favorecido, devendo-lhe sempre um grande obséquio. Com a irmã era o amor que chegara. Viera por outros caminhos, e já me encontrara válido. Não, não podia deixá-la. E logo depois fazia cálculos sobre a minha saída de Pureza só, com Felismina. Encontraria mulheres que me enchessem a vida. Estava assim com Maria Paula porque não me aparecera outra. Como ela sucedera à irmã, outra lhe sucederia.

Assim dava tempo ao tempo. Sair de Pureza com a filha do chefe da estação como amante. Aquilo se espalharia no Recife como um ridículo. Ouvia os comentários. Que sujeito besta! Rico, moço, bem-parecido, e amigado com a filha de um chefe de estação, uma matuta. Outro passearia, já teria conhecido a Europa, visto o mundo. Ele, não. Muito satisfeito, pegado com uma tipa qualquer. Um imbecil. Esta me parecia a opinião dos outros. E o ridículo me metia medo. A certeza de que um sujeito pudesse se rir de mim humilhava-me como o mais pesado desaforo. Lembrara-me do chapéu que fora comprar numa loja do Recife. O caixeiro me obrigara a adquirir um tipo esquisito, me dizendo que era a moda. No dia que saí com ele, foi um suplício medonho. Logo no bonde me olharam, todo o mundo me olhava. Vi risos que se disfarçavam. Saltei na rua Nova e os meus colegas me receberam com pilhérias. Por onde ia, descobria gente me olhando, reparando no diabo do chapéu-coco. Tive vontade de sacudir o infeliz fora. Outros andavam de chapéus iguais, sem que a cidade inteira se voltasse para rir. Havia em mim qualquer coisa de grotesco. Voltei para casa antes do tempo e nunca mais tive coragem de desafiar o ridículo. Se chegasse com Maria Paula no Recife, não poderia sair de casa com ela. Todo o mundo quereria ver, olhar, comentar. Aquela era a moça. O Lourenço de Melo se amigara com uma matuta. Ao mesmo tempo me enchia de coragem para reagir. Com um mês a beleza de Maria Paula venceria a sua matutice, dominaria o seu acanhamento. Ficaria uma elegante. E teriam inveja quando me vissem com ela. Queria que todo o mundo me visse ao seu lado. Era pena que não concebesse. Nem ela e nem Margarida tinham forças para a procriação. Naturezas criadas só para o prazer. Senão andaria com ela de ventre crescido. Precisavam ver que eu era homem. Corria a meu respeito, se espalhara na escola, era uma coisa assentada, a notícia de que eu não gostava de mulheres. Pressentira isto nas pilhérias que sempre escutara. Agora iriam ver uma amante ao meu lado. Descobrira uma, fora buscar longe, e era bonita como não havia igual nas pensões, nas casas de *rendez-vous*. Todos me veriam no cinema moderno, de braço dado com ela. Todos me invejariam. Aqueles que haviam mangado de mim, que me consideravam um aleijado. O curioso é que eu mesmo me convencera de que sempre fora um homem capaz e considerava uma infâmia o juízo que tinham a meu respeito. Maria Paula esmagaria os miseráveis, fazendo-lhes inveja.

E a família Cavalcanti? Era aí que o meu entusiasmo esfriava. Teriam que aparecer e estar com a filha. Não poderia permitir que vivessem como dois pobres-diabos, por este mundo afora. Sem dúvida que Maria Paula pensava em tê-los perto dela. Era humano. Contrariá-la neste ponto seria monstruoso. Um ladrão. Sim, um ladrão. O dinheiro de Ladislau fora arrebatado pelo chefe. Dona Francisquinha não faria má figura na minha casa da Madalena. Mas Antônio Cavalcanti abusaria. Via-o metido com a canalha, explorando a filha, metido no jogo com gente baixa. Aquela história de me procurar para pagar os duzentos mil-réis me desconcertara. Podia ser que fosse um plano. Um golpe estaria preparado para mim. Porque se ele me pedisse uma quantia maior, eu não podia negar sem cometer safadeza.

Felismina pressentira o meu plano de levar Maria Paula. Tanto que já me falava da moça com outro jeito. A negra velha se submetia. Morreria na servidão, sem nunca lhe ter chegado um minuto de reparar no seu destino. E eu me servindo dela, de consciência tranquila. Achava natural, como se fosse obrigatório, todo o esforço de Felismina para me agradar. Se tivesse encontrado Luís, teria pago uma grande parte de minha dívida para com ela. O amor ao negrinho reverdecera o coração da negra, ia lhe dando o vigor da mocidade, dos tempos em que trouxera minha mãe nos braços, dos tempos em que me vira nascer e me acalentara. Noites e noites perdera comigo. O meu corpo se fortalecera com as suas noites em claro, com os seus cuidados maternos. Desde que me entendera de gente que Felismina cercara a minha vida com o sacrifício da sua própria vida. Aquela sombra negra me protegia. Reagira contra Margarida, tivera medo de que me contaminasse de amor, de um amor que não fosse capaz de me ajudar. Errara. Se tivesse descoberto o bem enorme que Margarida fizera ao seu Lola, teria caído aos pés da moça, adorado Margarida. Nunca que pensasse que o seu senhor fosse o molambo de homem que era. Rompera as suas relações com dona Francisquinha, desfizera-se de suas conquistas sociais, para ficar ao meu lado. Voltava felizmente à mesma amizade. Pelo menos disto não me podia acusar. Nunca mais me chegara Felismina com restrições, com indiretas para Maria Paula. O fato consumado não lhe trouxera desgosto irreparável. Tudo era para o seu Lola. Então tudo seria bom. Seria criada também da outra.

Era preciso evitar qualquer coisa que ferisse Felismina. Na Madalena, a casa continuaria às suas ordens. Tudo estaria sob a sua direção. Ela não pensaria assim. Pensaria que uma nova palavra cobriria a sua. Uma ordem maior que a sua mandaria na casa. Eu precisava encontrar uma ocasião para fazer sentir a Felismina as minhas intenções. Todo o poder continuaria em suas mãos. Ela disputava a qualquer outra pessoa o direito de me servir.

Ainda não havia dito nada a Maria Paula de meus planos. Mas ela devia saber de tudo, porque mais de uma vez me falara como se já estivéssemos de vida em comum. E no dia em que a pus a par de tudo, me surpreendeu com a sua crueldade.

Falara eu dos seus pais. Poderiam morar no Recife. Eu arranjaria uma casa para os dois viverem o resto da vida. Sabia que o pai dela não prestava para nada, mas dona Francisquinha me merecia tudo. Maria Paula me ouvia calada e deu uma opinião que me deixou atônito. Para quê? Eles não queriam sair dali não. O pai e a mãe só gostavam mesmo de terras assim como Pureza. Haviam se acostumado. Não lhe disse nada, mas alarmei-me com ela. Em breve seria comigo assim mesmo. Mulher terrível. Mas aquela impressão me passava. Aos poucos ela se humanizava, gemia, amava com todas as partes do seu corpo. O maior mistério era aquele, o amor. Tudo em mim se dirigia para ele, para as suas grandezas. A mãe chorara tanto que fizera Felismina chorar, que me arrasara de pena. E ela ficara insensível, distante. No entanto o amor dava-lhe aquela humanidade absoluta. E só ela era capaz de fazer minha vida agradável. Ficava pensando como passaria sem Maria Paula. E na noite em que me faltava, faltava-me quase tudo. Tudo me faltava. Nunca me sentira saciado, sem vontade de amá-la. Levaria a moça comigo. Sem a sua carne, me veria perdido.

Os médicos deviam ter um nome para uma doença desse jeito.

31

Tudo estava preparado para a minha viagem de regresso. Nos dias de agosto e tardes de encher a vista. Maria Paula não queria que ninguém soubesse da nossa resolução. Eu porém diria tudo a seus pais. Nada de surpresas, de mistérios. Sairíamos de Pureza como casados. Insistia ela sempre para que os pais ficassem ali. Depois poderíamos mandar buscá-los. Nunca eu estivera tão feliz. Felismina compartilhava da minha satisfação. Chamei-a e lhe disse os meus intuitos. Nem precisava dizer-lhe, porque ela já sabia. Não me fez a menor censura. Estava outra vez gostando de Pureza. Até me afirmava que se pudéssemos, ficaríamos mais tempo. Eu recebera uma carta do amigo, reclamando a casa. Era que a mulher de um inglês adoecera, e a estrada precisava do chalé para a moça passar o verão. No dia em que recebi aquela carta tive uma saudade imensa do chalé. Tudo aqui se incorporara à minha vida. Não sabia explicar, mas parecia que havia vivido muito mais tempo ali que na Madalena. O casarão de lá só me trazia más recordações. Os eucaliptos, o soprar do vento nas suas folhas, as mangueiras, o soluço do rio nas pedras, as tardes tristes e as cigarras que vinham chegando outra vez, tudo era de uma vida muito mais comprida que a realidade. E vinha aquela carta. Fazia quase um ano que batera ali como um retirante. Florescera como uma parasita, grudado às carnes de Margarida. Mas agora já me sentia com forças da terra, alimentado de nova seiva. O meu corpo não parasitava mais, era corpo mesmo, vivendo de suas próprias energias. Levaria Maria Paula e, se me desse bem, me casaria com ela. Não me repugnava. Um sogro como Antônio Cavalcanti metia medo. Uma cunhada andava pelo mundo. Levaria Maria Paula. Disto estava mais que certo. E a carta do amigo chegava para me animar. Saía com grandes saudades de Pureza. Os que demoravam ali nos quinze minutos que o trem parava não podiam calcular a vida que existia por aqueles ermos. Ouviam Ladislau na rabeca, viam o chalé fechado, as filhas do chefe na janela, a mulher vendendo café. E partiam. Pureza ficava no seu silêncio, no seu grande silêncio. Era a estação mais triste da estrada de ferro. Outras existiriam com mesmas vidas vegetando pelos casebres, com a beleza das árvores, com o canto das cigarras e dos pássaros. Para o meu lugar viria uma inglesa doente, tirar do sol e dos ares de Pureza o que eu tirara.

Vencera em toda a linha. Pela primeira vez em minha vida, esta sensação de triunfo existia. Levaria comigo uma mulher. A manhã estava mesmo convidando para um passeio. Em breve não teria mais aqueles caminhos para andar. Tudo estava verde, como em junho. As poucas flores da terra, abertas. Em outubro os paus-d'arco encheriam de roxo e amarelo as matas, e as sapucaias acolitariam esse esplendor. Por enquanto só os cardeiros davam a sua nota rubra, com os frutos vermelhos, por onde os sanhaços passavam os dias beliscando. O mais era verde, verde de todos os matizes. Aproveitei a manhã e saí andando muito feliz, muito senhor de mim. Resolvera tudo a meu contento. E quis dar uma volta pela mata, ouvir pela última vez os seus rumores, os saguins chiando e os guaribas nos assobios. Os casebres dos moradores. Os roçados de algodão em ponto de apanha, de maçãs abertas. O milharal seco e curvado como um bando de velhos. As espigas secavam ao sol. E as mulheres, com sacos dependurados no pescoço, catavam os capulhos, uns quilos de algodão. Não pensava na miséria de ninguém. O porco do pé de juá estava gordo, à custa do jerimum-de-leite. Daria os seus quarenta mil-réis. A família teria algodão, mandaria a fava e o feijão para a feira. O algodão daria para comprar vestido de chita e brim fluminense. Vira o ano passado com que alegria eles passavam pelo chalé, com destino à festa de São Miguel: mulheres, homens e filhos, tudo estreando roupas novas. Iam para a missa do galo, voltariam para a casa – teriam feito tudo o que a imaginação deles durante um ano concebera de maior: beber vinho branco, jogar caipira no meio da rua. Fora a São Miguel e assistira à festa do povo. Naqueles dias estava assaltado de dúvidas e não tivera tempo de ver melhor as coisas. Agora estava dando um dos meus últimos passeios pelas terras que me ajudaram a viver. Lá estava o pau-d'arco maior, subindo acima de todos os paus linheiros. Com mais dois meses estaria de gala, exibindo todas as suas flores. Do meu alpendre eu o via muito bem. O chão, por baixo dos visgueiros, grudava na botina da gente como lama. E um pé de açafrão, perdido no meio dos gigantes da mata como um anão, cheirava a distância. Era aquela a mata que eu visitava, atribulado, a procurar meios de defesa. Ali me perdera uma vez e correra como louco, gritando para o meu próprio eco, que me respondia manso, nos confins. A mata que cobria o rio era de árvores que se arriavam, deixando cair os galhos até o chão. As ingazeiras, os marizeiros, gostavam das beiras do rio. Davam sombra e frutos pobres, baixavam para a água, e nas grandes enchentes o rio deixava pelos seus galhos gravetos que trazia de longe, lembranças de outras terras. Era aí que Margarida tomava banho comigo e o corpo branco se arrepiava com o frio.

Ia andando e pensando em coisas que me haviam dado prazer. Na água fria do rio, nas primeiras vezes que vira a filha do chefe nua através das folhas secas do banheiro de palha de catolé. A minha vida começara ali. E no entanto me enjoara de Margarida. Ela que me derá a consciência e a força para me mover, que me agitara os sentidos perros. Daquela janela dos fundos o mundo começara a se mostrar a um cego que recobrava a vista.

Já vinha voltando para o chalé. E no caminho um daqueles pobres homens do alto parou para falar comigo:

— Seu doutor, me disseram que o senhor pode muito junto do coronel Joca. Eu até ia hoje mesmo procurar vosmecê. É o seguinte: nunca que me acontecesse isso. Mas rapaz é rapaz. Um meu filho, sem eu saber, levou de noite uma carga de algodão para vender na balança da rua. E um vigia de seu coronel pegou o menino, deu nele, tomou o algodão. Ontem o coronel mandou ordem para eu me mudar. Estou aqui há anos. Os meninos nasceram e se criaram por aqui. Só sucedeu isto porque gente moça não tem juízo. O coronel já fez o que devia fazer. O menino já foi castigado, eu perdi as minhas arrobas de algodão. Seu doutor, eu não posso deixar isto não. É um despropósito fazerem isto comigo. O meu roçado está aí, a minha rocinha debaixo da terra. Me lembrei do senhor. Foi até o chefe da estação que me disse: "Paulino, vai falar com o doutor do chalé, que ele te arranja o negócio". Se vosmecê me ajudasse, estava fazendo uma obra de caridade.

Sosseguei o homem e ele foi para o seu casebre, para junto do porco, para a família alarmada com a ameaça. Um filho perdera o juízo e fora arranjar mais uns tostões para o seu algodão. Aquilo era uma miséria, mas ele gostava era de viver ali mesmo. Havia piores coisas em outros lugares.

Naquele mesmo dia o coronel Joca veio esperar o trem no chalé. Falei com ele a respeito do homem. E o coronel sorriu:

— O senhor não sabe quem é essa gente, doutor Lourenço. Aquele cabra vende algodão fora da minha balança. E veja o senhor: eu pago a mesma coisa que os outros. O foro que recebo é uma ninharia. Se servem da terra como bem entendem, e no final das contas o senhor de engenho passa por mau. Olhe que sou até liberal com essa gente. Vou mandar dizer ao seu protegido que pode ficar. Por falar em protegido, o rapaz por quem o senhor pediu, botei na rua. Soube que é um cabra perigoso, dado a valentias. A família dele mudou-se para o meu engenho.

Depois o coronel Joca me procurou lisonjear. Não era por estar na minha presença, mas ficara gostando de mim. Era pena que eu não tivesse ido ao Gameleira, como prometera.

A campa dera sinal e a rabeca de Ladislau se afinava para o trem.

32

No sábado sairia de Pureza. Dona Francisquinha soubera de tudo. E, para espanto meu, me procurou para falar. Vinha com a maior calma negociar de potência para potência. Eu vira aquela mulher morta de dor, na manhã em que Margarida fugira, na manhã em que Maria Paula viera para ficar comigo. E agora me procurava para saber o que eu pretendia fazer com a filha. Humilhou-me com as perguntas. Não havia lógica em nenhuma coisa da vida. A mãe de Maria Paula se conformara.

Antônio Cavalcanti não me procurou. Eu mesmo teria vergonha de tratar com ele cara a cara. No sábado tomaria o trem, com a filha, como se fôssemos dois estranhos. Compraria passagem de ida. E ele seria o mesmo homem. Dona Francisquinha viria chorar na hora da partida. O trem apitaria e Pureza ficaria entregue ao seu silêncio.

Felismina preparava a partida arrumando as coisas, distribuindo os restos com os conhecidos. A mulher que lhe oferecera o filho viera saber da sua resposta. Estivera na cozinha e eu ouvira Felismina desfazendo o compromisso. Por ela levaria, mas o doutor agora não estava só.

Dona Francisquinha ajudava Felismina nas arrumações.

No entanto aconteceu aquilo que mudaria a direção de tudo: Chico Bembém apareceu como em romance. O fato se deu pela manhã. Eu estava no alpendre, quando ouvi gritos que vinham da estação. Olhei para lá e vi Chico Bembém como no dia da briga com os carreiros, gritando para dentro da casa, com uma violência de louco. Dizia horrores. Família disso, daquilo. A filha estava na safadeza, e o pai e a mãe gostando.

Maria Paula replicava. O chefe sentado na cadeira, como se ouvisse uma sentença condenatória. E Bembém insultando.

Tive medo. Aquele homem estava em fúria contra mim. Eu lhe roubara a mulher. E Bembém andava triste, pelos cantos, com vontade de fugir do lugar. Por fim estourava daquele jeito. Mataria. Iria às últimas. O grito dele estrugia nos meus ouvidos como um agravo. Ouvi a fala de Maria Paula e a voz de dona Francisquinha. Felismina chegou à porta.

— Cambada de safados – gritava Bembém.

— Vá descompor a mãe – respondia Maria Paula.

Aí o homem entrou de casa adentro e ouvi os gritos das mulheres. Jogado por uma força estranha, corri para a estação. E ainda tive tempo de pegar-me com Bembém, que lutava com a família inteira. Antônio Cavalcanti grudara-se com o bandeirista. Bembém, quando me viu, voltou a si. Dei-lhe uns gritos. E já havia chegado gente para ver o que havia. O chefe, como se tivesse corrido léguas, arquejava numa cadeira. A mulher e a filha chorando para um canto. Chico Bembém saíra pela estrada de ferro afora, cambaleando como um bêbado.

Em casa, não atinei com os fatos. Correra inesperadamente para cima do perigo, e poderia ter me acontecido uma desgraça. Não podia explicar o terror que fizera ao homem. Mas sentira todo o seu ódio no olhar duro que me botara. Por que então não me agredira? Felismina chorava e veio entre soluços falar comigo:

— Seu Lola, vamos embora daqui. Pode acontecer uma desgraça.

Bembém desaparecera. Passara o trem das duas. O chefe pedira ao carteiro para fazer o serviço dele.

Chegou a noite. Maria Paula já estava lá em cima, abalada pelos acontecimentos. Dona Francisquinha estivera até tarde conversando com Felismina. Dava graças a Deus porque a filha ia embora. Fora uma felicidade não ter a pobrezinha casado com Bembém.

Eu tinha medo. Medo de que o homem voltasse, arrombasse as portas e me botasse abaixo com um tiro. O ódio que andava no seu coração devia ser terrível. Só não matara Maria Paula porque estava sem armas. A noite estrelada, um vento bom soprando nas árvores. Fechei as portas bem fechadas. A escuridão lá fora era tremenda. Aquele homem, àquela mesma hora, pensava no que fizera e traçava os seus planos. Roubara-lhe uma mulher que lhe daria a maior coisa da vida. Ficara dono dela. E, no entanto, quando eu lhe gritara na estação, não me dissera nada, saíra como um bêbado pela linha de ferro. A dor que andava por ele não o cegara de vez. Podia voltar e saciar a sua sede. Ali embaixo, de portas trancadas, eu tinha medo. Bembém podia juntar-se a um grupo e atacar o chalé. Os jornais falavam do assalto a um engenho de Vitória, com morte de gente e roubo. Maria Paula me esperava, lá em cima. Eu errara. Mulher encontraria por toda parte. O cachorro lá do alto latia, como se estivesse no terreiro da estação. Ouvi o bater estrondoso da porteira da beira do rio. Bembém se fora de cabeça baixa. Eu dera-lhe uns gritos. E se ele se voltasse contra mim de faca em punho? Seria uma facada com toda a força, que me deixaria no chão. Morto por causa de uma mulher. Ali, no silêncio da sala, sentia a facada, o frio da lâmina me atravessando. Felismina ressonava alto. E tive medo. Pavor de ficar só. Subi as escadas, para me sentir perto de Maria Paula, que dormia como se nada estivesse acontecendo no mundo. A minha vida e a de Chico Bembém giravam em torno dela, daquele corpo estendido, amolecido pelo sono. Dormia serena com um ligeiro suspiro. A luz bem em cima de seu rosto, cabelos soltos. Fiquei uns segundos olhando para ela e tive medo de Maria Paula. Medo, pavor, vontade de correr para longe. Acordei-a imediatamente para que aquela impressão passasse. Maria Paula riu-se, confortada consigo mesma, dona de si. Devia ser inocente, isenta de pecado, de todas as ruindades.

33

NA MANHÃ DO SÁBADO tudo já estava preparado para a partida do trem das duas. Maria Paula, na estação, tomava as suas providências, e eu no alpendre olhava as coisas com uma saudade antecipada. Via-me longe, muito longe de tudo que me servira de cura em Pureza. Aquele chalé no meio dos eucaliptos, aqueles altos verdes, aquelas manhãs gloriosas, os poentes tocantes, os pássaros e as minhas cigarras, o rio roncando nas pedras. De tudo me sentia separado. A história do dia anterior na casa do chefe dera a Felismina vontade de fugir de Pureza. Com pouco ela veria seu Lola livre de tudo. Antônio Cavalcanti manipulava o aparelho, e o tique-taque dos sinais quebrava o silêncio. Pegara-se com Bembém. Ouvira calado os maiores insultos. Mas para o fim as suas energias não aguentaram a afronta, aquela agressão à filha na sua vista. O chefe pegara-se com um auxiliar que fora aos extremos. Não se acovardara até as últimas, como eu pensava. Permitia no entanto que eu levasse Maria Paula comigo, fazendo dela minha amante. Dona Francisquinha e ele viveriam de agora em diante sós, únicos ali, esmagados pela solidão. Assim haviam começado há vinte e tantos anos. A mulher cheia de alegria, esperando tudo de um marido jovem. E o tempo correra, correra muito. As filhas erraram, deram-lhe desgostos. O marido era aquilo de sempre, um jogador, um infeliz. E ela não sabia do roubo de Campina Grande, do de Ladislau. Agora eu levava-lhe a filha. E se ela quisesse, a levaria também, porque aquela pobre mulher me tocava. Subi para o meu quarto e lá em cima vi o remanso onde Margarida tomava banho. Saíra de lá o começo de minha vida. Ela fora-se embora por minha causa e por minha causa Maria Paula deixava a família. Não dormia mais ali. Insônias terríveis me perseguiram. Nem gostava de me recordar das noites agoniadas. E me espichei na cama desfeita. De dentro daquele silêncio de Pureza, saíra a minha validez. Fizera-me homem e vencera grandes dificuldades. O conhecimento do amor, a posse da mulher como um instrumento fabuloso de criação começara para mim em Pureza. A terra me oferecera tudo. Até a miséria dos pobres do alto me consolara de minha fraqueza. Como tipo humano, o meu não era para orgulho. E assim fui ficando triste, bem triste. Voltava vencedor, levava um troféu, que era Maria Paula, de minhas lutas comigo mesmo. Arrebatara a moça de um pobre cabra, que seria feliz com ela. Aí ouvi Felismina falando lá embaixo. Depois ela chegou no meu quarto alarmada, cochichando:

— Seu Lola, Chico Bembém está lá embaixo, dizendo que vem falar com o senhor.

A negra tremia. Tive medo. Não dispunha de armas. Só daquela espátula de abrir livros. O homem queria me matar na certa. Falar comigo era um pretexto para me desprevenir. Viera disposto ao crime. Felismina descera, tremendo, por minha causa. Demorei um instante, refletindo no perigo que corria. Tudo aquilo que organizara em Pureza podia se aniquilar para sempre com uma facada no coração. Tive medo de descer. A espátula estava na bolsa pequena, com o livro que eu separara para ler no trem. Armei-me com ela e fui descendo a escada, fazendo um esforço tremendo para me dominar. Devia estar muito pálido. Quem me visse de fora veria uma máscara de covarde. Felismina havia deixado o homem no alpendre e estava na porta da sala de jantar me olhando como um cachorro fiel. Um olhar que encerrava 24 anos de dedicação. O homem esperava no alpendre. Marchei para lá depressa, como quem quisesse vencer um perigo. No bolso do paletó estava a espátula de aço. E defrontei Chico Bembém. Não sei dizer com exatidão que cara ele tinha. A luz excessiva me encandeava. Porém quando fui chegando, Bembém levantou-se. Podia partir para cima de mim. Com a mão na espátula aguardei o bote do cabra. Mas ele falou. Falou manso. Fui recobrando a calma ouvindo a fala submissa. Mandei que se sentasse. E reparei no pobre cabra. Era uma lástima de gente, de tão desfigurado que estava. De olhos fundos, barba grande, sujo. Tive pena e nojo de Bembém. Esperava que se fizesse em cima de mim, e via-o como se rastejasse no chão. Podia ser ainda uma tática – e me resguardei outra vez. Uma cobra. Aquela natureza era de cobra. Ladislau dissera a Felismina. Mal me surpreendesse distraído, morderia no lugar mais mortal. E a fala era tão mansa. Aos poucos fui entendendo o que ele dizia. Uma narrativa desarticulada, sem nexo. Pedia-me desculpas da briga em casa do chefe. O que ele havia feito nem sabia o que fora. Pouco a pouco tomei conta do homem. Ouvia o cabra como se o medo de minutos atrás fosse uma coisa muito distante. Depois vi Chico Bembém com os olhos cheios de lágrimas. Aquele homem chorando como menino, igual a Ladislau no dia do roubo. Aproximei-me dele e ouvi o que ele queria dizer desde que chegara.

— Doutor, não leve a moça.

Aquilo era mais forte que a punhalada que eu esperava. Foi lá dentro, furou fundo. Tive medo de chorar com ele, pobre homem que se arrasara, que se rebaixara pelo amor, que se degradara daquele jeito pelo amor. E eu causara tudo. Afastei-me para que ele não visse que os meus olhos estavam cheios de lágrimas. Dominei-me. O tique-taque do telégrafo continuava. E os pássaros cantando pelos eucaliptos. Um homem a meus pés. A meus pés vira dona Francisquinha pedindo pela mesma mulher. Bembém de cabeça baixa, com o chapéu na mão. Dei uns passos pelo alpendre e tomei de súbito a resolução: não levaria Maria Paula.

***

E no trem das duas abandonei Pureza, com Felismina.

Ainda guardo nos ouvidos a rabeca de Ladislau, que naquele dia caprichou mais na tristeza.

Cronologia

1901
A 3 de junho nasce no engenho Corredor, propriedade de seu avô materno, em Pilar, Paraíba. Filho de João do Rego Cavalcanti e Amélia Lins Cavalcanti.

1902
Falecimento de sua mãe, nove meses após seu nascimento. Com o afastamento do pai, passa a viver sob os cuidados de sua tia Maria Lins.

1904
Visita o Recife pela primeira vez, ficando na companhia de seus primos e de seu tio João Lins.

1909
É matriculado no Internato Nossa Senhora do Carmo, em Itabaiana, Paraíba.

1912
Muda-se para a capital paraibana, ingressando no Colégio Diocesano Pio X, administrado pelos irmãos maristas.

1915
Muda-se para o Recife, passando pelo Instituto Carneiro Leão e pelo Colégio Osvaldo Cruz. Conclui o secundário no Ginásio Pernambucano, prestigioso estabelecimento escolar recifense, que teve em seu corpo de alunos outros escritores de primeira cepa como Ariano Suassuna, Clarice Lispector e Joaquim Cardozo.

1916
> Lê o romance *O Ateneu*, de Raul Pompeia, livro que o marcaria imensamente.

1918
> Aos 17 anos, lê *Dom Casmurro*, de Machado de Assis, escritor por quem devotaria grande admiração.

1919
> Inicia colaboração para o *Diário do Estado da Paraíba*. Matricula-se na Faculdade de Direito do Recife. Neste período de estudante na capital pernambucana, conhece e torna-se amigo de escritores de destaque como José Américo de Almeida, Osório Borba, Luís Delgado e Aníbal Fernandes.

1922
> Funda, no Recife, o semanário *Dom Casmurro*.

1923
> Conhece o sociólogo Gilberto Freyre, que havia regressado ao Brasil e com quem travaria uma fraterna amizade ao longo de sua vida.
> Publica crônicas no *Jornal do Recife*.
> Conclui o curso de Direito.

1924
> Casa-se com Filomena Massa, com quem tem três filhas: Maria Elizabeth, Maria da Glória e Maria Christina.

1925

É nomeado promotor público em Manhuaçu, pequeno município situado na Zona da Mata Mineira. Não permanece muito tempo no cargo e na cidade.

1926

Estabelece-se em Maceió, Alagoas, onde passa a trabalhar como fiscal de bancos. Neste período, trava contato com escritores importantes, como Aurélio Buarque de Holanda, Graciliano Ramos, Jorge de Lima, Rachel de Queiroz e Valdemar Cavalcanti.

1928

Como correspondente de Alagoas, inicia colaboração para o jornal *A Província* numa nova fase do jornal pernambucano, dirigido então por Gilberto Freyre.

1932

Publica *Menino de engenho* pela Andersen Editores. O livro recebe avaliações elogiosas de críticos, dentre eles João Ribeiro. Em 1965, o romance ganharia uma adaptação para o cinema, produzida por Glauber Rocha e dirigida por Walter Lima Júnior.

1933

Publica *Doidinho*.
A Fundação Graça Aranha concede prêmio ao autor pela publicação de *Menino de engenho*.

1934
Publica *Banguê* pela Livraria José Olympio Editora que, a partir de então, passa a ser a casa a editar a maioria de seus livros.
Toma parte no Congresso Afro-brasileiro realizado em novembro, no Recife, organizado por Gilberto Freyre.

1935
Publica *O moleque Ricardo*.
Muda-se para o Rio de Janeiro, após ser nomeado para o cargo de fiscal do imposto de consumo.

1936
Publica *Usina*.
Sai o livro infantil *Histórias da velha Totônia*, com ilustrações do pintor paraibano Tomás Santa Rosa, artista que seria responsável pela capa de vários de seus livros publicados pela José Olympio. O livro é dedicado às três filhas do escritor.

1937
Publica *Pureza*.

1938
Publica *Pedra Bonita*.

1939
Publica *Riacho Doce*.
Torna-se sócio do Clube de Regatas Flamengo, agremiação cujo time de futebol acompanharia com ardorosa paixão.

1940

Inicia colaboração no Suplemento Letras e Artes do jornal *A Manhã*, caderno dirigido à época por Cassiano Ricardo. A Livraria José Olympio Editora publica o livro *A vida de Eleonora Duse*, de E. A. Rheinhardt, traduzido pelo escritor.

1941

Publica *Água-mãe*, seu primeiro romance a não ter o Nordeste como pano de fundo, tendo como cenário Cabo Frio, cidade litorânea do Rio de Janeiro. O livro é premiado no mesmo ano pela Sociedade Felipe de Oliveira.

1942

Publica *Gordos e magros*, antologia de ensaios e artigos, pela Casa do Estudante do Brasil.

1943

Em fevereiro, é publicado *Fogo morto*, livro que seria apontado por muitos como seu melhor romance, com prefácio de Otto Maria Carpeaux.
Inicia colaboração diária para o jornal *O Globo* e para *O Jornal*, de Assis Chateaubriand. Para este periódico, concentra-se na escrita da série de crônicas "Homens, seres e coisas", muitas das quais seriam publicadas em livro de mesmo título, em 1952.
Elege-se secretário-geral da Confederação Brasileira de Desportos (CBD).

1944

Parte em viagem ao exterior, integrando missão cultural no Ministério das Relações Exteriores do Brasil, visitando o Uruguai e a Argentina.

1945

Inicia colaboração para o *Jornal dos Sports*.
Publica o livro *Poesia e vida*, reunindo crônicas e ensaios.

1946

A Casa do Estudante do Brasil publica *Conferências no Prata: tendências do romance brasileiro, Raul Pompeia e Machado de Assis*.

1947

Publica *Eurídice*, pelo qual recebe o prêmio Fábio Prado, concedido pela União Brasileira de Escritores.

1950

A convite do governo francês, viaja a Paris.
Assume interinamente a presidência da Confederação Brasileira de Desportos (CBD).

1951

Nova viagem à Europa, integrando a delegação de futebol do Flamengo, cujo time disputa partidas na Suécia, Dinamarca, França e em Portugal.

1952

Pela editora do jornal *A Noite* publica *Bota de sete léguas*, livro de viagens.
Na revista *O Cruzeiro*, publica semanalmente capítulos de um folhetim intitulado *Cangaceiros*, os quais acabam integrando um livro de mesmo nome, publicado no ano seguinte, com ilustrações de Candido Portinari.

1953
Na França, sai a tradução de *Menino de engenho* (*L'enfant de la plantation*), com prefácio de Blaise Cendrars.

1954
Publica o livro de ensaios *A casa e o homem*.

1955
Publica *Roteiro de Israel*, livro de crônicas feitas por ocasião de sua viagem ao Oriente Médio para o jornal *O Globo*.
Candidata-se a uma vaga na Academia Brasileira de Letras e vence a eleição destinada à sucessão de Ataulfo de Paiva, ocorrida em 15 de setembro.

1956
Publica *Meus verdes anos*, livro de memórias.
Em 15 de dezembro, toma posse na Academia Brasileira de Letras, passando a ocupar a cadeira nº 25. É recebido pelo acadêmico Austregésilo de Athayde.

1957
Publica *Gregos e troianos*, livro que reúne suas impressões sobre viagens que fez à Grécia e outras nações europeias. Falece em 12 de setembro no Rio de Janeiro, vítima de hepatopatia. É sepultado no mausoléu da Academia Brasileira de Letras, no cemitério São João Batista, situado na capital carioca.

Conheça outras obras de
José Lins do Rego

Primeiro romance de José Lins do Rego, *Menino de engenho* traz uma narrativa cativante composta pelas aventuras e desventuras da meninice de Carlos, garoto nascido em um engenho de açúcar. No livro, o leitor se envolverá com as alegrias, inquietações e angústias do garoto diante de sensações e situações por ele vivenciadas pela primeira vez.

Doidinho, continuação de *Menino de engenho*, traz Carlinhos em um mundo completamente diferente do engenho Santa Rosa. Carlinhos agora é Carlos de Melo, está saindo da infância e entrando na pré-adolescência, enquanto vive num colégio interno sob o olhar de um diretor cruel e autoritário. Enquanto lida com o despertar de sua sexualidade, sente falta da antiga vida no engenho e encontra refúgio nos livros.

Em *Banguê*, José Lins do Rego constrói um enredo no qual seu protagonista procede uma espécie de recuo no tempo. Após se tornar bacharel em Direito no Recife, o jovem Carlos regressa ao engenho Santa Rosa, propriedade que sofrera um abalo com a morte de seu avô, o coronel José Paulino. Acompanhamos os dilemas psicológicos de Carlos, que luta a duras penas para colocar o engenho nos mesmos trilhos de sucesso que seu avô alcançara.

Em *Usina*, o protagonista é Ricardo, apresentado em *Menino de engenho* e retomado no romance *O moleque Ricardo*. Após cumprir prisão em Fernando de Noronha, Ricardo volta ao engenho Santa Rosa e encontra o mundo que conhecia completamente transformado pela industrialização. Do ponto de vista econômico e social, a obra retrata o fim do ciclo da tradição rural nordestina dos engenhos, o momento da chegada das máquinas e a decadência dessa economia para toda a região.

Fogo morto é considerado por muitos críticos a obra-prima de José Lins do Rego. O livro é dividido em três partes, cada uma delas dedicada a um personagem. A primeira dedica-se às agruras de José Amaro, mestre seleiro que habita as terras pertencentes ao seu Lula, protagonista da parte seguinte da obra e homem que se revela autoritário no comando do engenho Santa Fé. O terceiro e último segmento concentra-se na trajetória do capitão Vitorino, cavaleiro que peregrina pelas estradas ostentando uma riqueza que está longe de corresponder à realidade.

Este box do "ciclo da cana-de-açúcar" é o retrato de um período da história brasileira, o dos engenhos açucareiros do Nordeste. Os livros que o compõem revelam os bastidores do universo rural, embora apresentem um caráter universal. *Menino de engenho*, *Doidinho*, *Banguê*, *Usina* e *Fogo morto* nasceram do anseio do autor de "escrever umas memórias [...] de todos os meninos criados [...] nos engenhos nordestinos", mas, movido por uma força maior, ele transcendeu o impulso inicial para criar uma "realidade mais profunda".

Obras de José Lins do Rego
pela Global Editora

Água-mãe
Banguê
Cangaceiros
Doidinho
Eurídice
Fogo morto
*Histórias da velha Totônia**
José Lins do Rego crônicas para jovens
*O macaco mágico**
Melhores crônicas José Lins do Rego
Menino de engenho
Meus verdes anos
O moleque Ricardo
Pedra Bonita
*O príncipe pequeno**
Pureza
Riacho Doce
*O sargento verde**
Usina

* Prelo